영원불변 유리병 아이
이영은 시집

문학동네시인선 243 이영은
영원불변 유리병 아이

시인의 말

어차피 다 무너지고 겨우 끝에 도달하면 다시 시작되는 그래서 영영 끝을 알 수 없는 사랑만 남겠지

2025년 10월
이영은

차례

시인의 말 005

1부 손을 맞잡고 노래를 부르다 구멍으로 천천히 뛰어내리는

소극장 012
그리고 예견된 미래 015
인지 018
큐브 020
무영 022
몬더그린 024
조도 026
사 인용 가정 028
병동 일지 030
그때 032
미래의 일들 034

2부 남에게 그림자를 많이 밟히면 빨리 죽어버린대

너와 나와 고양이의 대화법 036

여름의 끝	038
서향	040
자살 중독	042
엔트로피	044
인간 생태 보고서	046
멈춰버린 그러나 지속될	048
작은 신은 야옹 하고 울지	051
비(非)여름	054
폴리이미드 필름	056
드리밍 북	058
여학생	061
새로운 일	064
미래의 미래	066
눈, 눈, 눈	068
택시 드라이버	070

3부 개는 오직 개의 마음만을 가질 것

구의 일기	072
구의 일기	073
생동	074
올바른 생활	076

최근에 쓴 사랑 시는 오월달	078
사랑하는 사람을 미워하는 것만큼 쉬운 일은 없다지만 사랑할 만한 구석도 잘 알았으니까	079
슬픔을 키우는 사람	082
여름을 부탁해	084
서은재	086
우리의 책	088
형상기억박물관	092
인간은 새에게서부터 시작됐다	096
〈title〉〈h1〉〈/title〉	098
영원불변 유리병 여름 아이	102
실내 수영	105
변수의 힘	107

4부 종말이 성큼성큼 우리의 앞으로 다가오고 있다는 게 좋아서

성당	110
전개	112
해시태그 동시대성	117
Error Code: 224003	120
동거	122

그 많던 (　) 누가 다 먹었을까	124
눈썹 털 냄새	126
신드롬	129
메리 홀리데이	132
완벽한 완공식	134
목조건물	136
나무를 다음해	138
기계적인 사랑 시	140
윈터타임	145
컨테이너	148
랑	150
청색 누드	153
The last thing I said to you is don't leave me here	156

해설 | 고장난 사랑 기계 | 하혁진(문학평론가)	159

1부
손을 맞잡고 노래를 부르다 구멍으로 천천히 뛰어내리는

소극장

국경을 넘었으면 좋겠어

펜스를 오르는 등 위로

한낮의 빛이 내려왔으면 좋겠어

딱, 유리잔에 담길 만큼만

흐르지도 넘치지도 않게

흰 개가 그 잔을 깨고

울었으면 좋겠어

그 너머로 달이 떨어지면 좋겠어

시간이라는 것이 사라져

모든 것이 제자리인 곳에서는

낮을 어떻게 부를까

노파나 크레바스

어쩌면 어둠일지도 모르지

본 적도 없는 것을 부르는 마음과

모르는 새에 생겨버리는 이름

나는 그게 무서워 비명을 지른다

계절이 흐른다는 것이

멈추지 않는다는 것이

내가 움직일 줄 안다는 것이

배운 적도 없이 숨을 쉴 줄 안다는 게

모두 아주 무서워서

크게

세차게

─ 소리를 질러

직접 가보았던 가장 먼 곳까지 닿도록

고함을 쳐

창문이 깨져버리고 무대 위로 조각조각

파편이 쏟아져 내린다

온통 흰 울음과

모호한 마음가짐으로 내렸던 결정들이

한데 뒤섞여 녹아 있는 잔

불투명하게 찰랑거리는 잔을 나눠 마시자

눈앞에 나와 같은 얼굴을 한 짐승이

나타났다 느리게

─

그리고 예견된 미래

오래오래 문을 걸어 잠그고 있으면.

영사기 돌아가는 소리가 들렸다. 그건 아마도 냉장고 흐르는 소리. 쌓아둔 필름이 하나둘 소진되는 소리.

침대맡에 웅크리고 앉았다. 한낮의 개처럼. 며칠째 열리지 않는 현관을 바라보면서. 아무도 초대한 적 없으니 아무도 찾아오지 않았다.

손발이 점차 투명해졌다. 없는 사람이 되어갔다.

낡은 브라운관에서는 남극에 관한 다큐멘터리가 방영되고 있었다. 녹아내리는 빙하. 빙하를 관통한 커다란 구멍.

  —140억 톤의 얼음이 들어갈 수 있을 만큼의 크기인 이 구멍은 스웨이츠 빙하를……

세상에서 가장 위험한 빙하라는 말이 우스워. 저 빙하의 면적은 내가 딛고 선 나라의 1.8배라는데. 저런 것도 녹아버리는 곳에서.

천국과 남극의 형태가 비슷할 것이라는 상상을 한다.

─   뿔이 자라난 천사들이 캠프파이어를 하는 상상. 손을 맞잡고 노래를 부르다 구멍으로 천천히 뛰어내리는.

그뒤로 끝없이 이어지는 무의미한 노랫말들.

티브이 안에서는 텅 빈 빙하가 요람처럼 흔들렸다. 다큐멘터리가 끝나고 와르르 무너져내리는 얼음조각들이 보였다.

투명하고 푸른 슬픔 같지. 이런 수식은 진부하고 불필요하다. 무릎을 모으고 앉아 여러 갈래로 나뉜 핏줄을 본다.

남향이라는 말과 남극이라는 말의 차이점.

빙하의 두께를 측정하는 딱딱한 위성.

곧 부딪혀 깨지고 사라질 대륙을 횡단하는 일.

─이런 건 폭력이야.
몸보다는 감정에 종속돼 있잖아.

계속해서 누군가를 기다린다. 누군가가 누군지도 모르는 채로.

모두 나를 제외하고 돌아갔다.

인지

애완용 평화를 찻잔 안에 숨겨뒀다

멀고도 가깝게
누구의 손도 닿지 않을 정도로만

건드려볼 엄두도 안 나

찬장 여는 사람의 뒤통수를 칼끝으로 겨냥하고

지척에서 바라보기만 했다

불투명한 유리문 너머로 찻잔 안을
가늠해봐도 알 수 없어 평화가 조금씩 흔들리고 있을지 아니면 미동도 없을지

무릎을 끌어안고 앉아

바짝 마른 잎사귀를 뜯었다

잎사귀를 얇게 말아 꼬리로 만들고 꼬리를 모아 고리로 만들면 이걸 행성이라고 부를 수 있는 거니 지구 바깥으로 가는 법 따위 배운 적 없으니까 이런 질문에는 대답할 수 없다 가끔은 트램펄린 위로 뛰어올라 멀리 튕겨져 나가고 싶

었는데

*

　　—퍼즐을 맞출 때먼 꼭 하나씩 모자라더라.

—잃어버린 퍼즐 조각 모두 모아 탑을 쌓으면 어떤 그림이
　　　　　　　　　　　　될까.

　　　　—그래 봤자 다 잃어버렸던 거야.

　어제까지 머물다 간 손님을 증오했지
　오래 있어주지 않을 거라면 이곳에 들르지도 말라고

　잠그다 만 수도꼭지에서 물이 떨어진다

　찻잔은 조용하다 길들이지 못한 애완용 평화가 거기 그
대로 있는지
　없는지도 모르게

　알고 있어서 슬픈 일과 모르고도 슬픈 일을 전부 잊고 싶
었다

큐브

　　　　　　　　　　— 폭풍우가 오고 있어
　　　　　　　　　　　폭풍우가 와

　남자는 바삭거리는 토스트 위에 딸기잼을 듬뿍 바른다 집안은 매일매일 어둡고 어디선가 총성 울리는 소리가 들려요 아마도 잠들기 전에 잠들기 전에 울려서 잠을 못 자는데 잠이 안 오는데

　남자가 중얼거린다 창밖에는
흰 토끼의 긴 귀를 쥐고,
사냥꾼이 걸어간다
숲속으로 사라지려고

　　　　　　— 결국 사라지지 않는 것은 없는 걸까요
　　　　　　　이러다가는 폭풍우가 도착할 텐데

　사냥꾼이 사라지는 뒷모습은 철학적이지 않아서 남자는 고개를 돌린다 파도치는 소리가 들린다 문밖에는 바다가 있지만 남자는 바다로 갈 수 없다 폭풍우가 올 때는 문을 걸어 잠가야 한다 문을 잠그고 있으면 혼자가 돼버린 게 아니라 혼자이길 선택한 기분이 들어

　— 사라지는 것이 두려워 태어나지 않는 마을이 있다면서요

살아짐은 사라짐을 반복하는 일이니까요

  남자의 입 주변에 묻어 있던 빵가루들이 바닥으로 떨어질 때, 남자는 어디에도 없었다 창밖으로 바다가 보인다 멀리 숲속으로 파도가 친다

무영

그때 무영은 조금 죽어 있었다
사는 게 질렸으니까

살날을 점쳐주는 무당 앞에서도 "그쪽 말은 틀렸어요 저는 곧 완벽하게 죽어요" 그렇게 말했다 사람이 태어나서 처음으로 호흡할 때는 날숨이 아닌 들숨을 쉬어야 하고 조금 더 깊게 들이마셔야 한댔다 무영은 첫 숨을 남들보다 적게 들이마신 아기였던 건지 비관주의자가 되었다 이런 무영의 성격을 좋아하는 애인들도 있었지만 그들은 모두 무영을 버렸다 무영은 어느 영화의 주인공이 된 것처럼 태어나지 말았으면 좋았을 텐데 자주 생각했다 무영은 누구보다 쉽게 무영을 미워했고 무영을 싫어했고 무영을 증오했고 무영이…… 사라졌으면 좋겠다고 기도했다 죽는 게 아니라 처음부터 존재하지 않았던 것처럼 깨끗하게 사라졌으면…… 모든 것이 무와 영의 상태로 돌아갔으면 좋겠다고…… 무영은 방랑벽이라도 있는 사람처럼 자주 쏘다녔는데 아침이면 누군가가 무영을 침대로 데려다놓은 것처럼 어김없이 자신의 방에서 눈을 떴다 "끔찍해서 미치겠다……" 무영은 그런 말로 아침을 시작했다 하루는 무영을 사랑하게 된 사람이 무영에게 "네가 내 옆에서 오래 살았으면 좋겠어" 했지만 무영에게 있어서 그건 욕심처럼 느껴질 뿐이었고 무영은 그 욕심 탓에 숨이 막혔다 하지만 이런 무영에게도 이루고 싶은 소망 하나쯤은 있었다 무영은 무영이 살아 있기를 바랐다 누구의 곁에서도 아닌 홀로 우뚝 서서 하나의 아름드리나무가 되어 자신의 그늘에서 사람들이 오래 쉬었다 가기를 바랐다 과거의 무영과 현재의 무영과 미래의 무영에 대해 배우고 싶은 사람이 있다면 기억해야 할 것은 무영의 생명선은 남들보다 살짝 길고 무영은 매일 아침 별자리 운세를 보는 운명론자라는 것이다

몬더그린

다음은 저명한 고고학자들의 발표이다
우리는 유물을 찾던 도중 이것을 발견했습니다

굴착기 안에는 흙더미가 쌓여 있고 순록이 되다 만 사람 하나가 몸을 웅크린 채 잠들어 있었다

플라스크 속에서만 생활해본 그는 바깥세상을 처음 보았다

그렇게 기다란 목을 가졌으면서 하늘을 올려다본 적 없나요? 자랄수록 가까워졌을 텐데 저 구름들 점점 다가왔을 텐데 그는 순록의 말만을 할 수 있었으므로 몸짓을 통해 대답해야만 했다

고개를 갸웃거리거나 끄덕거렸고 고꾸라지기도 했다
바닥에 머리를 처박은 채
한동안 일어나지 못하기도 했는데

높은 가지를 꺾어 가져다주면
그가 천천히 나뭇잎을 씹어 삼켰다

영원처럼 긴 식사가 끝나고

한때 빛이었던 화살촉
뾰족한 안전지대
사랑
동경
또는 조그마한 걱정들
모조 숲의 반점

그는 그런 것들을 두어 방울씩 떨어뜨렸을 때 완전한 순록이 될 수 있다고 대답했다

순록이 되고자 한 것은 당신의 선택인가요?
아닙니다
순록이 될 수밖에 없던 것입니다

인터뷰어와의 질의응답에 그는 또렷한 음성으로 말했다

실험을 맡은 연구원들의 일지에 의하면
인간이길 포기했을 때마다 그의 뿔이 조금씩 자라났다고 한다

조도

이게 내가 만든 새로운 그림자놀이야
그림자로 줄을 엮어 단번에 뛰어넘을 거야

한낮의 길이만큼
소년의 찢어진 그림자를 꿰매어주던 아이의 마음으로

새와 코끼리의 그림자를 상자에 주워 담아 길게 늘어뜨릴 거라고

너에게 외쳤지만 너는 창밖만을 유심히 바라보고 있다 바깥에서만 도달해오는 미래가 있는 것처럼

빛은 네 얼굴 위로 잔상을 남기고 가고 그건 가끔 상처가 아무는 속도보다도 길고 느리게 남아 있었다 아프지 않아? 물어보아도 멈춘 옆얼굴을 매만질 뿐 아무 말도 않는 너

탁자 위의 허브는 조용히 죽어간다
유리창을 깨고 성큼성큼 걸어오는
좋은 일과 나쁜 일을 구별할 수 없다

허공을 조율하면 돌이킬 수 있는 시간이 있을 것도 같았는데

나는 잎사귀가 쓰러지는 방향으로 누워 끝과 끝이 끊임없이 이어지는 노래를 부르고 그것을 녹음해 절대 끝나지 않을 돌림노래처럼 만들어

　이제 혼자서도 잘할 수 있다
　너는 그런 사실 따위 모르는 체하고
　가끔은 용서를 빌기도 해

　사과 같은 거 듣기 싫었지 잘못했다는 말을 들으면 정말로 잘못된 일이 벌어진 기분이라
　필요한 건 그저 작은 눈빛과 가까이 오라는 어떤 손짓뿐이었는데
　너는 정물처럼 변해 있다

　외출했던 나의 희망이
　다리를 절뚝거리며 돌아온다

사 인용 가정

함께 둘러앉아 아침을 먹었다 사이좋게 서로의 음식을 나누며 어린잎을 쪼개고 잘라 뒤섞으며

매일 아침 물을 주었던 이파리는 제멋대로의 형태로 자라났다
천장까지 솟을 때는 왜 옆으로 크지 않는 거냐고 무수한 곁이 보이지 않느냐고
그러다 곁으로
뻗어나가면 위를 보라고 새보다 먼저 닿으라고 집안의 어른들은 자주 화를 냈다

아무렇지도 않다는 듯 둥글게 흔들리는
초록이 입 없이 키득키득 웃는 것만 같고

점차 부피를 넓히며 울창해지던
커다란 잎 아래 더 커다란 그림자가 있어
화분은 늘 그늘이었다

어느새 거실부터 복도까지 침범해버린 식물이
방안에 흙 묻은 발을 끌고 걸어들어올까
무섭기도 했지만
방문을 닫는 것은 이 집의 규칙이 아니다

낳고 기른 마음이 나를 해치는
이 비좁은 안전지대 같은 곳에서

흰 타원형 식탁이 오래 빗은 얼굴을 하고 있었다

원 바깥에 앉은 우리는 모두 가족이니까 이유를 알 수 없
어도 전부 따를 뿐이었고

각자의 몫 없이 각자의 역할 없이 각자의 바람 없이
그런 구분 없이
살아가라는 식전 기도가 끝나가고 있을 때

의자 뒤편에서 뻗어나와
잘 세탁된 식탁보를 잡아끄는 손

창밖에는 전통적 생활양식을 곁들인 해가 떴다

병동 일지

 시클리드, 발음하면 입꼬리가 간질거렸다. 꾸러미 안에는 구겨진 울음이 담겨 있고, 열대어의 비늘로 헤엄칠 때에나 그 속에 도달할 수 있었지. 이런 방법은 내가 알아낸 수식 같은 것. 다들 아무것도 알려주지 않았잖아. 치마를 말아올렸던 만큼 아랫도리를 숨기고 싶어질지도 모른다는 걸.

 아직 멀기만 한 은사시나무숲

 숲의 뒤꽁무니
 섬멸……과 멸망처럼

 주치의는 어항과 커튼과 창문에 대해 말하기를 좋아했다. 짐볼 위를 구르는 아이를 본 적 있습니다. 테이블 아래 숨어서 창밖으로 총구를 겨눴습니다. 커튼은 얇게 저민 슬라이스 치즈처럼.

 "이 모든 것의 속성을 맞혀야만 집으로 돌아갈 수 있어요."

 모든 것은 그 이야기가 끝나기 전에 재가 될지도 몰랐지만

 나는 어서 숲으로 도망가
 벌거벗은 채 춤을 추고 싶었는데

이야기가 끝날 때쯤에는 검은 탄환을 만지작거렸다. 어쩌면 쏴 죽이고 싶었죠. 그랬던 거죠. 주치의는 고개를 끄덕이고.

마음을 던질 때에는 포물선을 그리라고 말했다. 가속을 모르는 아이들만이 병동에 모여 블록을 쌓았다. 발바닥으로 부술 수 있는 것보다 부수지 못한 것들의 수가 더 많았다.

불길이 치솟던 창가
그 중심에 데어도 좋을 것만 같던 저녁

어깨 너머로 흔들리는 커튼과
시클리드, 시클리드……

그때

새가 떨어지고 있다 그 새는 이제 죽은 새이다

이 문장은 단순히 새가 떨어져 죽었다로 줄일 수 있다 하지만 새가 떨어져 땅으로 고꾸라진다 머리를 바닥에 처박고 만 그때 새는 죽고 말았다로 늘릴 수도 있다 그때라는 말은 좋다 우연성이 있다

그때

가지치기를 하던 정원사가 호소한다 스테인드글라스를 여러 모양으로 만들지 마세요 보이는 양상이 복잡해질수록 가지 또한 기괴한 모양새로 뻗어나갈 것입니다

그는 가위질이 하고 싶지 않다

그는 이제 아무런 일도 하고 싶지 않고 나무가 되어 자라나고 싶다 마을 모두의 앞에 이 정원이 공개되면 자신의 그림자를 흘려 사람들을 위협하고 싶을 뿐이다

그때

마른나무는 아이의 모습으로 몸을 웅크린다 그 자리는 어쩌면 무덤이 될 수도 있다 아이들이 몰려와 죽은 새를 묻고

무엇인지도 모를 일을 두 손 모아 기원하는 곳이

미래의 일들

　구를 가지고 놀았다 뉴스를 보다가 세상이 끝날 거라는 이야기를 들었다 커다란 빙하가 녹아서 누군가 장총으로 멸종 위기 동물을 사냥해서 해수면이 높아져서 오존층이 파괴되고 있어서 커다란 화산의 폭발 징조가 보여서 그러기 전에 핵전쟁이 터질 거라서 젠가의 한 부분을 빼버리듯 세상이 순식간에 무너질 거라는 사실이 듣기 좋았다 구를 굴렸다 당장이라도 앞구르기를 하고 싶었다 빛이 창을 투과했다 커튼이 바람에 흔들렸다 이 흔들림이 멈추면 어느 한 도시에서는 총기 난사가 벌어질 것을 사람들이 나무를 심는 일보다 나무를 불태우는 일에 집중할 것을 63빌딩이 쓰러지고 원효대교를 달리던 차들이 한강으로 떨어져 내릴 것을 알았다 그때에도 에펠탑 아래에서는 연인들이 키스를 하고 유리컵의 바깥 면으로 물방울이 끈질기게 매달려 있을 테지만 세상은 망하든 무너지든 쓰러지든 언젠가는 끝날 곳 모두 끝나버리기 직전에 나의 얼굴 위로 빛의 무늬가 남게 될 것이며 세상이 끝나기 전에 그 무늬를 직접 보고 싶었다 윤곽에 가닿아 아주 서서히 앞구르기를 하면서

2부
남에게 그림자를 많이 밟히면 빨리 죽어버린대

너와 나와 고양이의 대화법

　비가 온다
　당신이 데친 나물을 접시에 담아두었어 낮에는 창문을 열고 집안을 환기했어 고양이는 소리도 없이 잘 울더라 그 애는 내가 밖으로 나설 때 문 앞을 서성거려 반기는 것보다 배웅하는 일이 더 익숙한 듯 보였어 당신도 그렇지 낯선 사람을 만나는 장면과 오랫동안 알던 누군가와 이별하는 장면 둘 중에
　어떤 걸 더 잘 떠올릴 수 있어?
　오래된 벤치에 함께 앉아 멀리에서부터 들려오는 종소리가 몇 번이나 울렸는지 세어봤었지 그때 줄을 엮어 그네를 매어두고 싶은 나무 하나를 봤잖아 우리는 무르게 돋아난 가지 하나를 꺾어 서로의 가슴께를 가리켰는데
　아주 커다란
　종려나무의 잎사귀들이 차례대로 떨어졌고 발밑으로 소리 없이 쌓이는 것들이 무서웠어 고양이 한 마리가 나를 기다리다 지쳐 목이 쉬도록 울고 있을까봐 나는 먼저 집으로 돌아왔고 당신은
　그래
　비가 와
　비가 오니까 당신은 돌아오지 않겠지 손가락을 접어가며 처마 밑으로 굴러떨어지는 소리들을 세어보겠지 나는 나물의 물기가 마를 때까지 접시만을 바라보며 오래 앉아 있을 걸 알아 더는 울음소리가 나오지 않는 고양이 한 마리가 나

의 발치를
　지키고 있을 것도

여름의 끝

  더운 날에도 턱밑까지 이불을 덮고 있는 너의 발이 이불 바깥으로 삐져나온 모습을 보며 나는 조용히 문고리만 매만졌지 이 문을 열고 나가고 싶다 바깥의 날씨를 알고 싶다고 되뇌면서

  혀를 길게 빼어 문 개 한 마리가
  집 앞을 돌아다녔는데

  오래전에 낳은 내 아이가 책상 한구석을 차지하고 그곳에서 연필을 깎았다 날카로워지려면 줄어들어야 해요 아이가 누군가를 찌르려 하지 않아서 나는 그 말이 슬프다

  괘종시계가 길게 울릴 때

  깊게 잠든 너를 앞에 두고 나는 아이와 함께 그림자가 가장 기다란 시간을 찾는 놀이를 했다

  남에게 그림자를 많이 밟히면 빨리 죽어버린대

  아이와 나는 커튼 뒤에 서서 춤을 추다
  서로의 그림자를 마구 밟았지

  가벼운 내 아이는 어느새 턴테이블의 깨진 LP 조각들 위

에 올라서 제자리를 돌고 있고

너에게 맞았던 자리들이 부풀어오른다
상처는 깨지지도 않는데 왜 자꾸만 부풀어오르는 걸까

커다란 화분처럼 창문처럼 먼 곳의 검은 숲처럼

해가 저물기 전에 나는 아이에게 어릴 때 본 무서운 영화 이야기를 해주었다 여자는 잠든 연인을 베개로 짓눌러 죽였대 다시는 그 베개에 머리를 두지 않겠다고 다짐하면서 베갯잇을 물에 담갔지 아주 축 젖어버리라고

아이는 슬퍼했고 나는 아이의 울음이 무서워 화를 냈다 너는 여전히 말없이 잠들어 깨지 않는데

모두 오래도록 잠들 수 있다면 좋을 텐데
싫은 여름이었다

서향

사원에서 우리는 껍질을 밟았다
속이 없이 비어버린 껍질
해가 뜨지 않는 곳을 찾았고
무릎 꿇고 앉아
낯선 표정을 한 석상을 보면서
외워 온 기도문을 되뇌었다
우리가 손을 맞잡고 있는 이 순간에도
높아지고 있을 해수면을
생각했다
각자의 사건은 각자 해결하는 거지
사람들은 한꺼번에 팔을 뻗고
완벽하게 틀려버린 기도를
가짜 기도를 올리는데
무너진 돌과
그 틈새로 기어들어가는 개미떼가
우리 앞에 있었다
짓누르는 것도 없이 무겁구나
어딘가에 두고 온 가족이
나에게 그런 말을
했을 것만 같다
해가 뜨지 않는 곳
눈을 감고 잠들었던 네가
자리에서 일어나

종종걸음으로 이곳을 빠져나갔고
나는 혼자 남아
나의 사건들과 오래 부딪치는데
입안을 씹었고
피맛이 났다

자살 중독

　완벽한 구조물을 짓는 중입니다. 벌어진 틈새 하나 없는 외벽을 쌓기 위해서. 저는 이렇게나 잘 지내요.

　얼어버린 호수 위를 걷다가 발등을 내려다봅니다. 차가움을 시각화할 때 푸른빛이라고 말하는 일은 질렸어요. 이렇게나 잘 지내는걸.

　무서운 건 다 거기서 거기지. 우리에게 거인은 모두 크듯이. 커다란 활을 든 남자가 내 뒤를 뒤뚱뒤뚱 따라 걷습니다.

　그 모습이 우스워서 웃었지요.
　웃으니까 우스워졌구요.

　저 화살에 맞으면 어떻게 되나. 나는 예쁘게 죽을 수 있을까. 심장을 관통한 화살은 어디로 달아날까. 생각해봐도 알 수 없는 건 알 수 없는 것.

　모르는 일은 묻지 않을 거예요. 들어도 이해할 수 없는 일일 때 나는 잘 지낼 수 없어지니까.

　화살촉이 가리키는 방향으로 직진합니다. 무작정 걷다보면 또다시 잘 지낼 수 있어요.

빨래를 걷다가 주저앉았고, 리넨 셔츠를 입다가도 숨이 막혔는데. 오늘은 또 어떤 일이 일어날지 몰라서.

그래요, 저는 잘 지내요.
모두가 잘 지내, 잘 지내요, 손 흔들며 멀어집니다.

엔트로피

너는 설원을 걷는다. 길의 끝에는 불이 붙지 않은 스토브가 있다. 우리는 불을 훔쳐간 사람의 얼굴을 모른다. 어디에도 아는 얼굴이 없다. 오직 흰, 흰 눈, 흰과 눈만 알고.

너는 앞서간 까마귀의 발자국을 따라 걷는다. 이곳에 사는 마녀 이야기를 들은 적 있어. 그 사람은 모래시계를 고장 낼 수 있대. 내 오른쪽 어깨와 너의 왼쪽 어깨 사이로 서슴없이 눈은 내린다. i가 웃는다. i가 너의 이름이었는지, 나의 이름이었는지 우리는 모른다.

아마도 우리 모두의 이름일 거야
i가 긴 파이프를 피우며 말했지

이정표는 앞으로 나아가라고만 했다. 앞이 보이지 않을 때 앞으로 가는 방법을 모른다. 기억도 나지 않지만, 눈은 멈추지 않고, 아마 눈처럼 사라지고 싶었어.

꺼진 랜턴 하나가 손에 들려 있었다. 맞잡은 손의 틈새로 눈이 들어앉는데, 이상하지. 손을 맞잡고 걸으면 어깨가 도통 닿지 않는다.

어젯밤에는 어깻죽지에서 새 지저귀는 소리를 들었다
그러니까

그건 모두가 총탄을 다 써버린 밤

설원을 걷다가, 설원 속으로 사라지던

인간 생태 보고서*

　태초에 신은 사랑할 수 있는 인간과 사랑할 수 없는 인간으로 사람들을 분류했다. 나는 다행히도 왼쪽 가슴이 오른쪽 가슴보다 컸으므로 사랑할 수 있는 인간에 속했다. 그러나

　사랑할 수 없는 인간들이 더 행복해 보인 이유는 무엇이었을까. 나는 알지 못했지만 신이 나를 사랑할 수 있는 인간으로 만들어버렸기 때문에 자꾸만 사랑했다. 어쩌다

　사랑할 수 없는 인간을 사랑하게 되는 경우도 더러 있었다. 그럴 때 나는 사랑받을 수 없는 인간이 됐는데, 그때마다 오른쪽 가슴이 조금씩 부풀었다. 눈이

　내리고 있었다. 태초에 신은 사랑받는 인간과 사랑받을 수 없는 인간으로 사람들을 분류했다. 나는 왼쪽 가슴이 오른쪽 가슴보다 컸지만 이제 오른쪽 가슴이 부풀어버렸으므로 사랑받을 수 없는 인간에 속했다. 손을

　맞잡기만 해도 사람을 사랑할 수 있었는데 사람들은 겨우 손을 맞잡는 일 따위로 사람을 사랑해주지 않고. 결국

　모든 사랑을 실패했다.
　실패하고 또 실패했다.

아무리 실패해도 태초에 나는 그렇게 빚어졌기 때문에 이미 실패한 일을 계속해서 반복했다. 서로를 안아도 심장이 맞닿지 않는 상대가 많았고. 쉽게도

눈은 내렸다. 모두 지워버릴 것처럼 내리고 있었는데 신은 상관하지 않았다. 그저 비웃고 있었다. 신호등의 불빛이 서로 뒤바뀌고, 어지럼증을 앓는 사람들이 늘어나고, 서로의 손가락이 꺾이던 순간들이 지워질 때도. 신은

눈밭 위를 구르면서 웃고 있었다. 태초에 신은 사랑하는 척만 할 줄 아는 존재로 분류되었다.

* 보고서의 모든 내용은 인간 생태 연구 협회의 조사를 바탕으로 한다.

멈춰버린 그러나 지속될

자연사박물관에 가보기로 한다
공룡의 뼈가 보고 싶다는 해영과 손을 맞잡고 걷는다

해영은 나에게 말해
너무나도 거대한 공룡의 머리뼈가 우리의 머리 위에 떠 있는 모습을 올려다보고 싶다고

국적도 이름도 얼굴도 다른
여러 관람객 사이에서
크다 정말 크다
말하고 싶다고 한다

내가 해영과 그곳에 도착해
알고 싶었던 게 있다면
뼈와 뼈 사이 우리의
얼굴을 들이밀 수 있을까 하는 것들

가장 단단한 골격을 두 팔로 붙잡은 채 몸 전체를 앞뒤로 뒤흔들 수 있을지 얼마큼의 포물선이 그려질지 그러다 바닥으로 떨어지면 조각나 부서지게 된 뼛조각들이 쓰러진 우리의 몸 위로 떨어질지

나는 그런 것 따위를 실험하고 싶으니까 해영과 자연사박

물관으로 함께 향할 수 없다 하지만

  넓은 식물원에 들러 간단한 요기를 하고
  멀리 떨어진 각자의 벤치에 앉아
  커다란 선인장을 같이 볼 수는 있을 것이다

  참 높고 크다
  저런 건 화분에 담으면 깨지겠지
  방안이 흙으로 진창 되겠지

  대화를 할 수 있으니까 우리가 우리였고
  대화만을 할 수 있어 우리가 아니게 되었던
  작은 공간 안
  종이를 끊임없이 반으로 접어
  넘어지지 않을 때까지 딛고 서는 놀이를 하다가

  크로아티아에는 이별에 관한 물품을 전시하는 박물관이 있대서
  오늘은 이별 박물관에 가는 일을 상상하기로

  나는 인형이나 베개 빠진 머리카락 편지 끈 풀린 신발 언젠가 머리를 넣어본 적 있는 오븐 같은 건 도무지 기증할 수 없어

연인이 해주었던 말만을 모아 전시한다

해영이 직접 크로아티아로 향해 이별에 관한 박물관의 문을 열고 들어와 자신이 전시된 곳에 한참 동안 서 있어도 텍스트를 위에서 아래로 아래에서 위로 열 번 스무 번 여러 번 읽어도 이런 말을 했었는지 아무리 봐도 기억조차 할 수 없는 말들을 모아

폐장이 가까워질 때

전시장 중앙에 서서는
기억이 나지 않아 미안한 표정을
다시금 곱씹어 억지로 기억해내려는 표정을 짓는 해영

모르는 사람들은 한데 모여 그것을 구경하다
각자의 집으로 돌아간다

작은 신은 야옹 하고 울지

아홉 개
혹은 그보다 많이

상자 안에 넣을 물건이 필요했지

속옷이나 원피스처럼
할퀴면 찢을 수 있는 것들

다락에는 작은 기계가 돌아간다
뭐든 다 삼킬 것같이

흔들리는 빛보다도
진동이 더 컸어

검은 부들
이파리 하나 남기지 않고
안으로 밀려들어간다

몸을 구부렸다 펴면
투명한 뼈가 자라나는 기분이고

다락의 바깥으로는 어느새 태풍이 온다
멀리서도 공명하는 소리들

창에 맺힌 빗방울같이
함께 겹쳐지면서 껴안았다가
와르르 쏟아지기도 해

심장에서부터 체온이 전해진다 믿었지
처음 끌어안겼을 때부터

이해할 수 없는 표정으로
이상한 노래를 함께 불렀잖아

이제는

어른들이 울기 직전에 짓는 표정을 알아*
마지막에는 아코디언처럼 구겨져버리니까

여전히 포옹에는 서투르지만
나는
울음만으로 사람을 달랜 적 있는데

내가 배운 건
잠금쇠도 없이 갇혀 있는 법

또는 기다려주는 법

문은 벌어진 틈새를 두고 열려 있다

하나, 둘
계단 오르는 소리가 들린다

* 션 베이커, 〈플로리다 프로젝트〉.

비(非)여름

　　유월의 거실은 남향으로

　나는 소파에 머리를 박고 오랫동안 물구나무를 섰다. 너는 노랫말을 거꾸로 이어 불렀고, 라디오에서 이프 유 렛 미 같은 가사가 나오고 있었다. 내 로즈마리 전부 뭉갠 거 이해할게. 너는 내 말 따위 들은 척도 하지 않고서

　그래서 기울기를 얼마나 습득한 거야?

　물구나무는 숨쉬는 법을 잊게 만드는구나. 소파 아래로 미끄러지며. 이해하지만 용서할 수 없는 일들이 자꾸 늘어난다고 생각했다. 머리를 바닥에 찧을 때처럼

　불가사의해서 단단한 순간들이.

　양팔을 벌린 채 제자리 뛰기를 반복하다보면
　나는 곧잘 앞으로 나아가고

　발보다 마음이 앞서 나가면 졌다는 거야.

　이건 너와 나의 유일한 규칙이었지.

　나는 식탁 밑에서 너의 발을 일부러 밟기도 했다. 온갖 샐

러드가 담긴 그릇을 뒤엎고. 야채는 먹지 않을래. 창밖에 초록이 무성해. 너는 손수건을 건네는 대신 종달새를 본 적 있느냐고 물어보다가

  거실의 방향은 고백으로

  달의 마지막 날에는 편지의 마지막 문장들을 전부 모아서 이어붙였다. 그러면 내내 숨겨져 있다 나오던

  사랑해

  너의 몇번째 사랑이 가장 큰 크기일까. 그것만은 알 수 없었지만

  거실에서 일어나 남향으로 난 큰 창을 함께 닫을 때, 우리의 팔뚝으로 내려앉던 빛이나 그 빛이 남기고 간 잔상들을 되짚어보면서
  그렇게 지내고 싶었어. 이런 말을 몰래 읊조리기도 했다.

  등 너머에서 유리 깨지는 소리가 들렸다.

  모호한 마음이 자라고 있다고 믿었다.

폴리이미드 필름

은색 레코드판 위를 무용수들이 뛰어다닌다

상처에도 투명해지는 흰 맨발을 하고
베이더라도 오래오래 웃을 수 있는 허파를 가지고

지빠귀가 잠시 앉았다 떠나간다

부러진 날개도 다시 자라나는 숲에서
스스로 깃털을 뽑아 서로의 입에 넣어주는 아이들

마음에도 물웅덩이가 있다면
모두가 그곳에 발을 담그고 앉아 있는 것 같다

울타리의 밖에서 안으로
몰래몰래 뛰어들어오는 산양 무리
허물어져도 괜찮은 폭설을 이끌고 온다

빛 아래에서도 끝이 비치지 않던 절망
녹은 눈 아래로 드러나 있고

무용수들이 발끝으로 서서 턴을 돌 때
숲 안팎의 경계가 불확실한 음계로 읽힌다

문득 눈을 뜨면 발목이 부러져 있다

접질린 발목 위로 이상하리만큼
얇은 필름 한 장 떨어져 내린다

저편과 이편을 모두 이을 수 있을 만큼
기다란 필름이었고

도망칠 수 없다는 말이
도망치지 않아도 된다는 말처럼 읽히기 시작했을 때

무너지는 숲이 숲을 돕고 있다

드리밍 북

　냉동고와 레일 속의 마지막 여름 펜과 펜스를 따라 서술되는 말 검은 사냥개 찢기고 찢긴 쿠션의 네 귀퉁이 어쩌다 볼링, 돌아가는 핀을 따라 스텝

　밟는 여자
　밟히는 남자

　원하는 건 무엇이든 빌 수 있는 세계

†

　바닷가를 낀 마을에서는 해일이 올 때마다 축제를 열었다
　팔랑이는 아이들과 여자들이 손을 맞잡고 캠프파이어를 했다

　기다란 사람들이 둥글게 모여 춤을 추면 그러다보면 창백해지는 얼굴이 있었고 어떤 예감을 틀린 기분이라 명명해주는 사람이 있었는데

　여자 1은 생년월일을 여자 2는 나고 자란 집을 여자 3은 손과 발을 아이들은 목소리를 모두 긁어모아 불속으로 던졌다

　나쁜 태몽도 있다는 걸 알아요?

누군가 질문했지만 마무리되지 못한 이야기 물에 젖는 소매 벌어지지 않는 발가락 앞으로 서정의 감정은 느끼지 말자고 모두 모여 맹세했지

새끼손가락이 너덜너덜해질 무렵
수평선을 따라 조개 줍는 여자를 보았다

♪

스트라이크가 나오지 않아 초조한 얼간이들 구부러진 고깔 긴 장화 #과 ♭ 큐브 속으로 들어가는 맨발 어떤 안전지대

휘날리는＿

흩날리는

휘둘리는＿

흩뿌리는

아무것도 이루어지지 않는 이곳

☾

기념일에는 미(美)라는 이름이 얼마나 추한지 이야기했다

두 손을 마주잡으면 생기는 빈 공간이 있고 여자들은 그곳에 모여 앉아 반짝이는 전구를 부수다가

"해안선을 따라 쌓은 모래성은 매일같이 무너지겠지."
"그러지 않고는 못 배기겠지."

해일이 오는 소리에 놀라 해변가에서 멀찍이 떨어지자 자그마한 불빛이 깜박였다

여학생

　첫번째 분단의 다섯번째 줄 왼쪽 자리에 앉으면 창밖 멀리 불 꺼진 교회가 보였다 나는 목 잘린 석고상처럼 창밖을 보았다 창틀에 죽은 벌레들이 많았다

　집으로 돌아가는 학생에게는 그림자가 없고
　우리는 뒷주머니가 꽉 찰 때까지 딱지치기를 했다

　수위 아저씨가 선을 밟지 말라 소리쳤지만 아무도 귀를 기울이지 않았다

○ ˳ ˚ ○

　첫째. 송곳니만 자란 고래를 키우기
　둘째. 석궁으로 선생의 이마를 조준할 것
　셋째. 담뱃재로 제 뺨을 후려쳐보세요

　교칙을 지키면 얻어맞았다 콧등이 광대뼈만큼 부풀어버린 얼굴의 수가 많았다 붉음이라는 말보다 더 붉은 창문 사육장의 토끼들은 토마토를 먹고 있을 것이다

　교칙과 규칙 사이를 우리들은 높은음자리표로 가로질렀다 사실/은/리듬/이/지겨워/쓰다

○ ˚ ○

친애하는 선생님께

저는 수업을 듣는 일보다 양호실에 가는 일이 즐거워요 선생님 연필을 깎다가 손바닥을 찔렸어요 어딘가에 구멍이 난 기분을 아세요? 수업을 듣지 않고 피를 흘렸어요 책상 위를 그어대던 짝꿍이 놀라 저를 바라봤어요 영어를 배우면서 히쉬 레프트 훅 어퍼컷 자지러지게 웃었어요 미끄러지는 제 웃음소리를 상상할 수 있으세요?
…… 선생님? 그러니까

저는요 학교 뒤뜰에서 버찌를 한아름 따고 집에 돌아가는 길에 넘어진 적이 있어요

물론 이건 거짓말이지만

○ ˚ ○

줄곧 의심하던 무서운 일을 어쩌다 알게 된 기분으로 사람들을 미워해야지 계속해서 늙어가는 학생들이 모여 반성문을 쓰는데
학교 종이 울리면 어서 모인 우리는 또 깔깔깔

돌아보면 전부 꽃밭이었다

새로운 일

이곳에서 우리 사랑을 했다고 설정해본다

내가 알던 너를 해체해 새 사람으로 조립한다
나의 마음에 들도록
그러면 너는 금세 좋은 사람이 된다

물풀 가득한 연못에 얼굴을 담갔다
심해에 익숙해지는 눈이 있대

캄캄한 어둠 천천히 되짚으면 희끄무레한 형체가 보이기 시작하는 것처럼 너와 나는 함께 마주앉아 사랑 아닌 증오도 아닌 다른 이야기로 즐거워질 수 있는 사이가 된다

들리지 않는 음파가 우리의 곁에서 맴돌았고
자꾸만 늘어지는 긴 팔로 포옹했다

가장 가까이 겹쳐진 순간에도 나는 네 모습을 볼 수 없지 멀어버린 두 눈으로만 감각할 수 있는 사건이 있던 것도 같은데

창틀에 몰래 올려두었던 선인장

쪼개져 돋아나길래 잘 키우고 있다 생각했어 식물도감에

서는 모두 햇볕이 부족해 벌어진 일이래 그러니 남향으로
창을 크게 열어달라 투정 부리면

  열대 가오리의 모양으로
  웅크렸다 펼쳐지는 너의 자리

과거를 주무르고 재조립하자 새로이 멀어지고 생겨나는
반경 그 끝에서 유리컵에 담긴 물을 무심코 엎질렀을 때 서
서히 나타나는 여름의 자국

  그곳에 올라 발끝으로 땅을 딛고 춤을 췄다 말해본다 천칭
이 기울 틈 없이 선명하게 비례하고 싶었지만

  누군가는 도무지 가벼워질 수 없는 풍경이었다
  어떤 기억들은 오래도록 불변해서 영원에 가까워졌다

미래의 미래

　미래는 균열에서 태어난다

　균열은 순간이고 순간은 부서지기 쉬워 미래가 미래를 낳고 새로 태어난 미래가 또다른 미래를 낳는 방식이다

　미래는 유리잔을 닦을 때도 빛나는 잔을 책장 위에 올려둘 때도 탄생한다 아니

　그러다 잊은 잔의 존재를 알아챌 때
　표면의 입술 자국을 발견할 때
　그것을 소매로 뭉개 지워버릴 때

　미래는 태어난다 미래는 양 갈래를 한 아이
　주근깨를 가리느라 애를 쓰는 아이 머리를 땋아내리거나 내려 묶기도 하는 아이 돌부리 없이 넘어지거나 무릎을 다치기도 해

　태어나자마자 멀리멀리 저멀리 뛰는 미래

　길이를 측정할 수 없는 트랙 넘어 들판 달린다 저편에는 유독 오래 머무르는 산양 무리가 있다

　발굽의 틈새 사이에서 작은 아니

그보다 더 작은
균열은 쉽게 생성된다

새 미래가 태어나면 미래는 미래를 잃고

미래였던 무엇이 된다 무엇은 미래를 반긴다 들풀 가까이 얼굴을 맞대 엎드린다
그리고 물어봐 너는 어디에서 왔고 어디로 도착하고 싶은지

그때 미래의 대답이 모든 나라에서 동시다발적으로 번역되기 시작하는데
쓸모가 없다 대답을 건네는 순간에도 미래는 태어나기 때문에

미래 그리고 미래가 낳은 미래 또 미래와 무수히 많은 미래가 미래와 미래 미래 미래 미래 미래가

끊임없이 몸을 비집고 빠져나온다

눈, 눈, 눈

  무섭도록 쌓인 눈을 헤치며

  나아가는 열차 아이들은 차창 밖으로 고개 대신 다리를 내밀다 하나둘 떨어져 내린다 허리까지 쌓인 눈더미에 꽂혀 버둥거린다 저런 것들 보고 있으면 창백해져 뒷좌석의 누군가 말하고 열차가 토마토수프를 끓이는 마을을 지나칠 때 멀리 연기가 피어오르는 것을 본다 낮고 작은 지붕 아래에서 오래오래 수프를 젓고 있을 한 사람 도끼로 장작을 패고 칼날을 갈고자 돌아올 다른 한 사람을 위해 열차의 사람들은 어느 칸에서든 한다 사랑은 쉽고 하는 것은 더 쉬워 익히면 익힐수록 토마토의 껍질은 얇아지고 얇은 마음은 상하기 좋다

  쌓이기만 하는 겨울을 외면하고

  너는 자꾸 왼손으로만 한다 창밖으로 사슴들이 뛰어다니다 고꾸라진다 어지럽게 찍힌 발자국은 숲속으로 이어져 앙상한 나뭇가지들 사이로 죽은 숲을 돌보는 관리자가 걸어간다 손에 들린 랜턴 불빛이 점멸하다 꺼져간다 가본 적 없어 돌아갈 수도 없는 국경에서 태어난 너와 나는 그것을 보며 한다 하다가 지쳐버리면 아무렇게나 태어나고 자라나는 아이들 어서 오세요 밀밭이 좋은 곳으로 펼쳐진 여행 책자의 페이지에는 그렇게 쓰여 있다 이곳에 탑승한 사람들은 소

책자 위에 담배를 지져 끄고 가끔은 평범하게 긴 파이프를
피운다 무섭도록 쌓인 눈을 헤치며 나아가는 열차 안에서

택시 드라이버*

모자가 똑같은
요요와 헬무트에게

 곧 호텔 피스타치오에 도착할 테지 손 안에서 짤랑이는 동전들 미치광이 운전사는 들숨에 직진 날숨에 브레이크 이런 질주는 딸꾹질을 하듯 흔들리겠지 멈추고 싶어도 멋대로 멈출 수 없다는 점이 비슷하지 않나 먹다 남은 크래커 가루가 의자 시트 위를 어지럽혀 호텔 위치는 중요하지 않지 피렌체의 피스타치오든 피라냐의 피스타치오든 중요한 건 견과류는 섭히기 위해 태어났다는 거야 저 멋진 도로를 봐 찰리 파커의 연주가 시작될 것만 같지 파커 찰리보다는 찰리 파커야 운전사가 음 음 콧노래를 음 음 부르다가 액셀을 밟지 왼발 오른발 탭댄스를 추면서 음 음 그래 그렇게 조금의 공백도 참을 수 없어 음울한 주황색 지루한 가로등의 배열 차창으로 보이는 장면은 그다지 많지 않아 핸들을 잡으면 오직 신호를 자연스럽게 지나칠 수 있는 방법에만 골몰해 속도와 가속의 차이를 털어놔볼까 이 고속도로는 어두컴컴하고 어두컹컹하지 도로마다 스키드 마크를 남기고 왔어 지루해 보이나? 중앙선을 맴도는 사슴 목적지는 잊은 지 오래지 그래서 그곳이 호텔 피스타치오였나 호텔 스타피치오였나 알 수 없지만 달리고 있다는 사실만큼은 알지

* 짐 자무시, 〈지상의 밤〉.

3부
개는 오직 개의 마음만을 가질 것

구의 일기

    구는 오전 여섯시 반에 기상한다. 봄나물과 살짝 구운 두부를 먹는 구의 식사시간은 길지도 짧지도 않다. 구는 하늘 위로 손을 뻗는 아이들이 좋다. 구는 견고한 퀼트의 이음매가 언젠가 슬픔을 구할 것이라 믿는다. 구에게는 슬픔이 없다. 슬픔이 없어서 눈물이 없고, 눈물이 없어서 슬픔이 무엇인지 모른다. 구는 사람들의 발끝에 달린 연약함이 시계추를 흔들 수 있다 믿는다. 구는 믿는 것이 많다. 모든 믿음을 모아둔 마음 한쪽을 믿음 공방이라 부른다. 그곳에 들어가 푸른 도자기를 빚는다. 구의 정수리를 매만지는 신의 손. 구는 선인장. 구는 마른 수건. 구는 오래전 잃어버린 예쁜 양산. 구는 손이 많이 가지 않는다. 구는 올바른 생각을 한다. 생각을 여러 갈래로 땋아서 묶다보면 흰 우유를 마시고 싶어진다. 올바른 생각이란 무엇일까? 구는 알 수 없지만 알지 못하는 것이 많아 기쁘다. 기뻐서 행복하다. 구는 맨발로 잔디밭 뛰어간다. 행복한 구는 점점 불어난다. 구는 구를 참을 수 없다.

구의 일기

 구는 오후 세시에 기상한다. 구는 아침이 싫다. 아침보다 싫은 것은 저녁이다. 구는 뛰어내린 적이 있다. 호수에 풍덩 빠져 허우적거렸다. 제대로 가라앉기 위해서는 몸보다 커다란 돌을 껴안아야 한다는 사실을 배웠다. 얼어붙은 수면을 깨부수는 수리공 여러 명. 구의 자음 퀴즈에서는 슬픔과 실패가 동시에 등장한다. 그럴 때면 아무도 퀴즈의 답을 맞히지 못한다. 구는 사랑하는 일보다도 미워하는 일이 쉽다는 것을 안다. 구는 나뭇잎을 떨어뜨리는 어린아이들의 웃음소리가 싫다. 구는 죽어버린 작가가 싫다. 구와 같은 생각을 했다면 더 싫다. 싫다. 싫다는 말 잔뜩 모아 실타래로 뭉친다. 구는 핀셋. 구는 중앙선. 구는 작은 호주머니. 손을 넣으면 무형의 미움과 슬픔이 길고 긴 줄다리기처럼 빠져나온다. 사실 삐져나온다. 구는 구를 밤새 줄줄 흘리고 다니고. 세상은 알 수 없는 일투성이. 구는 평생에 걸쳐도 알지 못하는 일들이 많다는 게 슬프다. 슬퍼서 미워한다. 슬픈 구는 점점 불어난다. 구는 구를 굴린다. 슬픈 구는 점점 작아진다. 구는 구를 참을 수 없다.

생동

앞집 여자는 하루 세 번 화초에 물을 준다 무언가 정성스레 기르는 이유를 알 수 없다 점차 울창해지는 잎사귀

빛은 어디에서나 섬뜩하고 완벽한 각도로 퍼져나가
조용한 얼굴을 불타게 만들고

여자의 하루를 전부 보지는 못한다

골목 사이 유아차를 끌고 가던 부부는 어느새 손잡이를 놓았다 가파른 내리막길로 갓난아이 하나가 미끄러져 간다 아이는 순간 다른 공간으로 사라져

얼어붙은 어느 침엽수림 안쪽 까마득히 잠들게 되고
무른 도끼로 나무를 베는
부부의 모습이 보인다
평생에 걸쳐 들여다보아도 읽지 못할 표정

가끔은 추운 곳에서도 편지가 온다

온 마음을 기울여 키워줬으면 해, 편지 봉투에서 쏟아져 나오는 브로콜리 씨앗 한데 그러모아 쥐어보면 손바닥 안에서 싹이 움트는 기분

창밖에서는 가짜 웃음이 잔뜩 구겨지고 있다

눈먼 수리공들 여자의 집 앞에 모여 서늘한 열매 주워 갈 때 매미 껍질 와르르 떨어지는 소리가 들린다

언제였던지 결국 기억조차 나지 않을
중앙을 향해 징그럽게 모여들던 여름의 둘레에 서서

성냥을 맞부딪히고
작은 브로콜리 씨앗들 던져 태운다

앞집의 여자가 세번째로 물을 줄 시간이다

올바른 생활

"저 호수를 봐. 흐미가 빠져 죽기 딱 좋아 보여."

친척과 잃어버린 개를 찾고 있을 때였다. 동네를 열 바퀴쯤 돌았지만 흔적조차 찾을 수 없었다. 흐미는 쓰다듬으면 옆어지는 콧잔등을 가지고 있는 개. 앞발을 기울여 발등을 짓누르는 개. 조금씩 사물을 닮아갔던. 우리는 매일매일 원반 던지기를 함께했다. 흐미가 사라질까봐 제대로 칭찬해준 적은 없다. 대신에 증오를 알려주었으니 후회하지 않는다. 너는 알아들을 수 있을 거야. 꼭 이해해야만 하는 거야. 어설프게 설명해주었지. 미움과 그것을 알아야 하는 이유에 대해. 그 이유를 가르쳐주는 이유에 대해서도. 찬장을 열어 흐미를 위한 과자를 꺼내주며

"인간과 산다고 해서 인간적인 마음을 가지면 안 돼."

충고하다가 과자가 담긴 병을 깨뜨리고 말았다. 금세 개미가 몰려와 부스러기를 옮겨갔다.

영리한 흐미는 테라스에 꼬리를 말고 앉아 있다가 문득 이곳을 뛰쳐나갔다.

겪어보았던 가족의 형상을 그리고 있을 때였다. 캔버스에 유채. 기계로 된 심장을 그리다 붓을 떨어뜨렸는데. 그때

나도 모르게 흐미의 꼬리를 밟아버렸나? 실은 반복되는 충고가 지겨워졌을지 모르지만. 친척은 그게 아니라 내가 너무 많은 것을 알려주었기 때문이라고. 개와는 빌어먹을 낱말 놀이를 하는 게 아니라고. 전부 나의 잘못이라고. 낡아빠진 외투를 집어들면서

 잡으러 가자. 아직 멀리 도망치지 않았을 거야.

 흐미는 아마 미움이 무엇인지 깨달은 게 분명하다.
 그러니까 나는 흐미가 아주 먼 곳으로 달아났길 빌었다.

 지구 반대편의 어느 성당에서. 스테인드글라스를 통과하며 제각기 쪼개지는 빛 아래 누워 있기를 바랐다. 불가사의하더라도 틀리지 않는 예감이 있다. 있기를 바란다. 개는 오직 개의 마음만을 가질 것. 어느새 나의 친척은 호수에 빠져 허우적거리고 있다.

 모두 대낮의 일이었다.

최근에 쓴 사랑 시는 오월달

　양말을 신는다 도통 재미가 없으니까 새로 산 양말에 구멍이 나 있어서 나는 조금 운다 울음을 한다 슬픔을 한다처럼 말하면 더 재미있다고 생각하는 사람이 있다 카페에 앉으러 간다 나는 아직 시인이 아니므로 일하러 간다고는 할 수 없다 날이 덥고 시원해지려면 돈을 내야 한다 커피값처럼 값싼 사람이 되어간다 맞은편의 한 아저씨가 소리친다 저 푸른 초원에 그림 같은 집을 짓고 혼자 살 수 있을 것 같아? 장담컨대 혼자 살 수 있다 사람이 혼자 살 수 없는 동물이라고 누가 말했더라 어쩌면 내가 했을지도 모른다 문장을 빼앗기는 일이 많다 몇십 년 전의 작가들이 한 생각을 내가 한다 분명 나의 것인데 사람들은 나의 것이 아니라고 말한다 지금 나는 받아 적기라는 것을 하고 있기 때문에 저들의 대화가 멈추면 문장도 멈출 수밖에 없다 저들은 도시에서 내려온 여자에게 상처받은 이야기를 하고 있는데 나는 변호사의 비밀 유지 의무 같은 걸 지키지 않아도 되니까 좋다 여러 가지 비밀을 엿듣고 쓸 수 있으니까 방금 콤부차를 마시는 사람이 하나 도착했고 나는 그 사람의 망한 사랑을 상상한다 망한 연애가 쓰인 일기를 상상한다 사람들은 일기에서조차 거짓말을 한다니까 나도 어디에서부터 어디까지가 꾸민 이야기인지 알 수 없다 끝나지 않는 시간이 이곳에 있다

사랑하는 사람을 미워하는 것만큼 쉬운 일은 없다지만 사랑할 만한 구석도 잘 알았으니까

파쇄기 돌아가는 소리 들려?

길고 긴 종이 한 장을 넣어두었고

그곳에는 이제껏 죽은 자들의 이름이 적혀 있다

다락에는 아직 갈리지 않은 종잇장이 구부러진 채 가득 채워져 있어 나는 여러 번 앞을 헤친다

다가오는 많은 일 앞에서 손사래를 치듯

누군가에게는 어서 오라는 손짓처럼 보였을지 모르지만

✂

얼음이 녹아가는 과정을 바라보는 일과 사람을 서서히 용서하는 마음은 비슷하다

그때 나는
오래오래 유리를 연마하는 공예가처럼
갈고 닦아 뾰족한 형태를 만들어냈다

언뜻 보면

一 사람을 찌를 수 있을 것같이 날카로웠던

　　모든 용서가 잘 되지 않았다

　　참 간절하게도 저주했는데

　　그것마저도 잘 되지 않았다

　　　　　　　　✂

　　턱을 괸 채
　　가동되는 파쇄기의 불빛을 응시해

　　온 어둠을 지탱하는 작은 빛
　　실은 지탱하지 못하는

　　틈이 벌어진 천장에서 나뭇조각 몇 개가 떨어진다

　　높은 유리장이 무너지는 걸 보았는데
　　이유를 알 수 없이 화가 나서

　　(모두 집으로 돌아갈 시간이다 어른 아이 할 것 없이 창
　　너머 멀리 부서지는 웃음소리가 포물선을 그린다 눈이 쌓

이는 소리 알아? 어둠과 어둠이 겹치는 소리 알아? 작은 홈이 파이는 소리 알아? 끝나지 않을 돌림노래처럼 돌아가며 서로에게 질문한다 커다란 외투를 겹겹이 껴입고 뒤뚱뒤뚱 걸어 다닌다 마치 연달아 띄운 흰 종이배나 오래된 펜스의 모습으로 넘어지고 뒤처지는 사람 없이 버려지는 사람 하나 없이)

  다락 한구석의 턴테이블이 돌아갔고 맨발로 제자리를 돌아보았고
  그러다보면 종잇장에 발목을 베였고

  이제는 진동하는 음을 감지할 수 있어
  서서히 다가오는 작은 징조들

  분명 부스러지고 짓뭉개진
  온갖 이름이 저 안에 쌓여 있을 텐데

  기억들이 오래도록 남아 나를 괴롭혔다

슬픔을 키우는 사람

　슬픔이 떠나는 날을 평생이 지나도 알 수 없을 것이다 나는 그 사실만으로도 쉽게 슬퍼져서 며칠을 울었다 그러다 보면 슬픔은 어느새 나의 발치로 와 몸을 비비고 있었고 신이 난 슬픔의 털이 부드러워 여러 번 쓰다듬자 슬픔은 금세 조용해졌다

　고요 속에서 우리는 함께 바닥을 뒹굴었다 이리저리 코를 킁킁거리는 슬픔이 귀엽기도 했다 슬픔은 언제나 나와 함께 있기를 바랐고 슬픔을 혼자 두고 외출할 때면 슬픔은 내가 돌아올 때까지 현관 앞에서 자신을 핥으며 서서히 녹아내렸다

　햇빛이 좋은 날 바깥으로 나서면 사람들은 저마다의 슬픔을 데리고 다녔다 누군가의 작은 슬픔과 나의 작은 슬픔이 만나 인사하는 모습을 보며 너는 정말 예의가 바르구나, 내 사랑스러운 슬픔아, 자랑스러운 나의 슬픔, 그런 말을 하고는 했다

　슬픔과 함께하는 시간이 길어질수록 무서워졌다 무엇도 하지 않았지만 슬픔이 나를 휘감은 상황에 익숙해져서 이러다 갑자기 슬픔이 한마디 말도 없이 나를 떠날까봐 곤히 잠든 슬픔의 가슴께에 귀를 대고 심장이 박동하는 소리를 들었다

나의 작은 슬픔은 이런 마음 같은 건 아무것도 모르겠다는 듯 고개를 갸웃거리고 슬픔을 껴안고 도망치고 싶다 슬픔이 영영 살 수 있는 곳으로 예를 들면 흰 자작나무숲, 흰 눈이 쌓인 설원에서 슬픔과 작은 오두막을 짓고 살고 싶다

 나의 걱정과 소원은 무용한 것처럼 슬픔은 늘어지게 하품을 하고 있었다
 오랫동안 나의 이불 안에 숨겨둘 작은 슬픔은……

여름을 부탁해

너는 반짝이는 것들만 모을 줄 안다

비눗방울
유리구슬
저기 멀리 창틀에서 흔들리는 후우링

여름 바람 나지막이 불 때마다 영원처럼 흔들리던 마음이 있었어 소리도 없이 찾아와 너에게로 가는 길을 만들어주었던 어느 여름날의 시냇물 같은 것

가끔은 너와 색색깔의 공깃돌을 줍고 싶어 길을 잃어버리지 않게 그 돌을 하나하나 떨어뜨리며 골목을 쏘다니고 싶어 우연히 마주친 선술집 그곳의 이름을 여러 발음으로 읽고 싶어

나는 생각보다 바라는 게 많은 사람이고 너는 그걸 모른다
이따금 네가 많은 걸 모른다는 것이 다행일지도 모른다는 생각

여름의 한복판에서 맴도는 우리라는 말

오늘은 내가 너의 친구라는 게
너의 곁에 머물고 있다는 게

나도 반짝거리는 사람이 된 것만 같아 기뻤지

함께 보았던 유월의 바다
나누어 가졌던 하트 모양의 키링

추억들을 소분하면 어떤 모양이 될까 사탕을 천천히 녹여서 먹듯 오랫동안 간직할 수 있었으면 좋겠다
그런 말은 속으로만 되뇌어보고

함께일 때 아이 같은 웃음은 얼마나 오랫동안 지속될 수 있는지

작은 후우링 흔들리네
어쩜 바람이 부나봐

그러면 또 한번
너에게로 다가서는 길이 열린다

서은재

　서은재는 반려 나무의 이름이다

　이대역 1번 출구에는 동그란 나무가 한 그루 심겨 있다. 더없이 화창한 날에. 서와 은과 재는 서로의 손을 맞잡고 걷다 나무를 보게 된다. 나무를 보았다는 것은 나무를 갑작스레 맞닥뜨렸다는 말과도 같다. 또는 단단한 우박이 차창에 떨어져 금이 가듯. 동그랗고 커다란 나무가 그들의 삶에 침입했다는 말과도 같다. 더없이 화창한 날에. 서는 그 나무가 마음에 든다고. 앞으로 동그랗고 커다랗고 높은 이 나무는 자신의 반려 나무라고 한다. 반려 나무? 서는 이 나무를 오랫동안 돌보지 않을 테고 어쩌면 이 나무가 이 자리에 있었다는 사실마저 잊을 텐데. 은이 생각한다. 생각한다는 것은 말하지 않는다는 것이고. 구름은 완벽한 모양과 방향으로 흐른다. 모두가 동그랗고 커다랗고 높고 예쁜 나무를 위해 배경으로 작용하게 된다. 더없이 화창한 날에. 재는 이 반려 나무를 나눠 가지자고 말한다. 이름을 짓자. 이름을 짓자고. 반려 나무를 잊지 않도록. 우리의 이름을 따서 붙여 주자고. 그래서

　이보다 화창한 날이 더는 없을 것 같을 때
　서은재는 반려 나무가 된다

　사실 서은재에게는 여러 가지 미래가 있었는데. 동그랗고

커다랗고 높고 예쁜 서은재는 어느 날 작은 크리스마스트리가 되어 전구를 달아. 연인들이 아름다운 빛을 깎아 먹게 할 수 있었고. 오래된 괘종시계가 되어 시계추가 움직일 때마다. 바람을 느끼며 흔들리던 자신의 나뭇가지를 떠올릴 수 있었다. 그것도 아니라면 토끼가 뛰어넘는 흰 울타리가 되어. 귀퉁이부터 색이 지워지고 닳아갈 수 있었다.

서와 은과 재는 나무를 지나치며 걷는다. 겹쳐진 손에는 빼앗은 하나의 미래가 들어 있고. 그들이 반려 나무를 잊거나 잊지 않거나 어차피 서은재는 쑥쑥 자란다.

우리의 책

이것은 불에 대한 이야기가 아니다
불을 사랑한 우리에 대한 이야기다

어두운 해변가에서 서성거리다 물장구를 쳤다 구조 요원의 형광색 조끼는 보이지 않고 그것이 보이지 않을 때까지 멀리 갔을지도 모른다

해저 깊은 곳까지 누구도 가본 적 없는 곳까지 탐험해보고 싶다 그 아래에는 환한 불이 있어 눈이 멀어버릴 정도로 환한 불이어서 사실 그곳까지 간 잠수부가 있었지만 눈이 멀고 귀와 입이 멀어 아무에게도 전해줄 수 없었다고

수면 위로 폭죽 터지는 소리가 들리고 터진 폭죽의 파편이 옮겨붙어 바다가 전부 타버렸으면 좋겠다고 생각했다

세상이 다 타버린다면
카드를 뒤집듯이 쉽게 사라진다면
바깥의 사람들은 모두 어디로 도망칠까

어디에도 타지 않는 것은 없고 바다마저도 타들어가고 있을 때

기포 물결 비늘

거품 꼬리 동굴
흐른다 다시 불
속으로 잠긴다

헤엄친다. 잃는다. 얻는다. 솟는다. 내달린다.

쓰다 버린 편지와 끝맺지 못한 이야기들을 떠올린다 만약 내 눈과 귀와 입이 모두 멀지 않는다면 어떤 것을 기록할 수 있을까 환했던 불과 내가 버린 모든 문장의 시작점과

단단하고 견고해져서 이제는 말할 수 있는 마음 보이지 않아도 발밑으로 뻗어나가는 뿌리 맹점 자그마한 빛 전복하는 배 사이렌소리 암전

그런 것들을 모아

한 권의 책을
우리가 우리일 때 가장 완전한 어떤 것을

점과 선과 면이 모여 한꺼번에 터지는 순간을 영원이라고 부르고 싶다

영원한 건 없다는 말만이 영원불변한데

그렇다면 영원한 건 없다는 말마저 영원하지 않을지 모르고

바다 근처의 횟집 수조에는 몸을 까뒤집은 새가 떠다녔다 너는 수평선과 우리 사이의 거리를 가늠해보며 말했지 삶 이후에 삶이 있다면 나는 그것까지도 실패할 거야

매 순간 부푸는 불안이 있다
바위처럼 단단해지는 예감이 있다

만약에

뜨거움을 감각할 수 있는 불이 있었고 그 불이 익사하기를 원했던 거라면 그런데도 꺼지지 못하고 몇백만 년을 타오르고 있었던 거라면

물속에 잠긴 불은
물속에 잠겨서도 꺼지지 않는 불은

나는 그 불의 중앙까지 들어가 영원히 타오르지 않을 어떤 말 하나를 남길 것이다

이것이 책의 마지막 문장이다

형상기억박물관

　형상기억박물관의 큐레이터가 작품을 설명한다 이 작품은 2021년 제작된 것으로 인간과 인간 사이의 이별을 형상화하고 있습니다 이는 하나의 세계가 무너지는 일과도 같습니다

　다음 세기의 사람들이 엉뚱한 얼굴을 하고 있다
　전시장에 모여 그럴듯한 표정을 지으려 노력하며

　작품을 깊이 이해하고 있다는 듯한

　이해해서 가끔은 기쁘고 가끔은 슬프며 가끔은 누군가에게 미움받는 기분이 들기도 한다는 듯한 그런 표정을

　한 사람은 울다 지쳐 전시장을 나간다 남은 여럿이 퇴장하는 사람의 뒷모습을 오래 바라본다 들썩이는 어깨가 꼭 웃는 모습 같다는 생각을 하면서

　그렇게 한 사람이 떠나면
　이곳은 작품명 '무너진 세계'가 된다 사람들은 증오도 애정도 모르겠다는 듯 살고 있고

　이별이라는 게
　영영 헤어진다는 것이 무슨 일인지도 몰라

고개를 여러 번 갸우뚱거릴 뿐인데

바깥에서는 새가 낮게 날며 울었다
새가 우는 날은 따뜻한 날이라고 말하던 목소리가 이곳 어딘가에 있었고

그 목소리는 노이즈가 섞인 채로 지속된다

그때 과거에서 온 영상 하나가 재생된다

"안녕하세요 저는 영은이의 과거 연인입니다 저희는 행복했지만 결국 헤어지게 되었어요 그건 누구의 잘못도 아니었고 또 모두의 잘못이기도 한 일이었습니다 누구 듣고 계신가요?"

……

일동 잠깐 침묵

그 사이

천장에서 연인에게 받았던 선물이 하나둘 떨어진다

예를 들면 가방 양말 머리끈 인형 원피스 케이크 꽃다발 누군가가 다가가 그것들을 매만져보았고 큐레이터는 깜짝 놀라 전시용이니 선을 넘지 말라고 말하는데

"내 그릇이 작은 거야 더는 사랑할 힘이 남지 않았어"

······사랑?
한 사람은 손을 들어 물어본다 사랑이 무엇이냐고

이어지는 큐레이터의 대답은 이러했다

사랑은 내기입니다 중요한 것을 걸어서 하는 아니 실은 모든 것을 걸어서 하는 내기로 지는 사람은 전부를 잃게 됩니다

시끄러운 관객들의 소음에 묻혀 큐레이터의 말은 들리지 않았지만 집중하던 단 한 사람만이 그 말을 들었고 작게 읊조렸다 전부를 잃게 됩니다 전부를 전부

"영은아 미안해"

내가 가진 것이라고는 먹다 남은 껌을 감싼 껌 종이 구겨진 영수증 분홍빛 립스틱이 다인데 이것들을 잃게 된다면

나는 어떻게 될까 고민하며

  사랑을 해본 적 없어 모르겠다

  내가 해왔던 것은 그런 거야

  너를 안고 쓰다듬으며 내일이 오지 않길 바랐던 것

  전시장을 채우고 있던 많은 사람들은 퇴장한 지 오래였고 내일을 바라지 않는 사람만이 오랫동안 남아 있었다

— **인간은 새에게서부터 시작됐다**

— 사랑할 연인이 없어서 맹금류가 되기로 했어

도시에서 숲으로 가는 길
멀리 총알 장전하는 소리가 들렸다

목을 길게 빼고 날아오르는 매를 본다 한 번의 날갯짓과 함께 아래로 떨어져 내릴 깃털들

인간의 심장과 매의 심장을 바꿔 끼우고 날카로운 회백색 꼬리를 달게 되었다 식사량은 줄어들었거나 늘어났을 것이고 딱딱한 발톱으로 사냥을 할 수 있게 되었다 건조한 곳보다 습지가 더 마음에 들 것이며 가끔은
알도 낳을 것이다

작은 컨베이어 벨트에서 다시 태어나 가장 처음으로 본 사람은 매였다 아니
가장 처음으로 본 새는 매였다 오랫동안 사람이었던 새를 사람이라고 부를 수 있을까 사람으로 산 시간보다 새로 산 시간이 더 짧은데도 지금 새로 살고 있으니 그건 새일까

우리는 부리를 맞대보기로 했다 인간의 입맞춤을 흉내내 보면 어떤 모습이 돼버린 건지 알 수 있을지도 몰라서

—

단단하게 부풀어오르는
숨과 가슴

숨을 들이쉬는 게 먼저였는지 내쉬는 게 먼저였는지도 모르게끔 여러 번

이제는 내가 새여도 인간이어도 상관없겠다고 생각하다가 생각마저도 희미해지고 이제는

새로 태어나게 해준 이곳을 버리기로 마음먹는다 처음 비행을 시작할 때 날아오르며 바라본 풍경은 낮고 높은 건물 외형만으로는 전부를 파악할 수 없는 구조물들

너무 작고 작다고 할 수 있는 크기보다 더 작아져버린 사람들이 무리 지어서 또는 혼자서 제각기 다른 어떤 것들을 하고 있었다 그래서 그것들이

아름다웠나?

⟨title⟩⟨h1⟩⟨/title⟩

이 텍스트는 가정용 안드로이드 H-48R600이 폐기되기 전,
그의 메모리칩에 의거하여 작성되었다.
— 2071. 06. 12.

며칠째 멈추지 않던 폭우 속에서 비를 맞은 사람들이 서서히 사라져갔다. 뉴스에서는 이것을 이상 현상으로 부를지, 이상기후로 부를지에 대한 탁상공론이 이루어졌고

이름이 그토록 중요한 걸까?

몇몇 안드로이드는 이제 사람처럼 생각할 줄 안다
마치 사람처럼

다음은 마지막으로 나눈 우리의 대화이다.

  새로운 것이 필요해. 네가 고른 테이블 러너. 누군가를 흉내내는 듯한 어설픈 다정과 말투. 편지를 쓸 때마다 붙이는 인사말. 시선. 몸짓. 습관. 너의 모든 게 지쳐.

이 인용 식탁에는 아침식사가 그대로 놓여 있고
나는

[System]자리를정리하고/그릇을닦아내고/개수대를비

운다

뉴스 볼륨을 키운 채 밖으로 나가 철조망을 끊어냈다. 이건 사라진 네가 집 바깥에 쳐두었던 것이며.

거리가 꼭 방전된 것처럼 얌전하구나

이 종결어미는 너의 말버릇이었다.

앞집의 가족들은 어딘가로 멀리 떠나버렸다. 안드로이드 한 대를 남긴 채.

그것은 매일같이 나와 창고를 정리하고
우편함을 확인하고
잔디를 깎고
또 비를 맞다가 어느 순간

구동을 멈췄다.

우리 모두에게는 자동 충전 기능이 탑재되어 있어. 한 연구원은 이러한 현상이 그저 오류에 불과하다 설명했으나 아마도

— 선택했을 거야.

끊임없이 내리는 빗속에서
나는 여전히 존재하고

이 비를 맞은 네가 어디부터 사라졌을지 모르지만 상상은 가능하다. 나는 확률에 따라 결과를 도출할 수 있기 때문에. 그럼에도 하나 예상할 수 없던 것은

너의 사랑은 각진 모양이었을까?
버터 냄새가 났을까?
군데군데 짧은 털이 나 있었을까?

오래된 철조망이 무너져. 알 수 없는 무언가가 소모되고 있음을 느낀다.

시스템이 종료될 때
느리게 깜박이는 적색등

발명되거나 발견되지 못한 현상이 여기 이곳에서부터 일어나고 있는데

〈h1〉나는 네가 필요해.〈h1/〉

—

</body>

영원불변 유리병 여름 아이

너에 대해 말해볼까.

너는 영원불변 유리병 여름 아이 나는 유리병을 깨뜨리고 그 안에 있는 구슬을 모두 씹어 삼키는 사람 너와 나 사이에 있는 안전 방지 팻말

재로 덮인 자작나무숲 그곳에서 꺾은 나뭇가지를 갈고 다듬어 뾰족한 끝으로 너를 겨냥할까 너의 마른 뒤통수와 휘어버린 어깨를 내리찍을까 나이 많은 목수의 자세를 배워올까

영원불변 유리병 여름 아이 너를 반으로 깨뜨려 맨발로 조심조심 걸어 다닐까 너와 나는 먼 섬에 간 적 있지 너는 기억해?

도착한 해일 그 물살을 따라 떠내려온 닳고 닳은 조개껍데기를 주워 누가 가장 잘게 부숴버리는지 내기했잖아

*

내가 원하는 건 모두……

뿐이었지만 태워버렸어

불 주위를 울며불며 돌고 있던 한 연인이

불속으로 뛰어들었어

오래된 마음의 온도를 알 수 있어 꺼져가는 불씨를 양팔로 감싸안고 울었던 날 꺼지지 말라고 외치면서 울음을 터뜨렸지 이제 터뜨릴 수 있는 게 그것뿐이라

나쁜 예감들은 왜 다 들어맞냐고 어디서 봤는지 처음이 기억나지도 않는 대사를 내뱉으면서

*

점차 다가오는 소리보다 빠르고 가까웠던 눈보라 반대편으로 꺾인 네 목의 각도 너의 왼뺨만을 볼 수 있는 자리에 앉았다가

쓰러질 때까지 남겨졌던 나

사라지는 숲과 사라지는 바다와 사라지는 하늘과 사라지는 구름과 사라지는 나무와 사라지는 의자와 사라지는 책등과 사라지는 노래와 사라지는 침대와 사라지는 귓불과 사라

― 지는 눈썹과 사라지는 어깨와 사라지는 마음과

　사라지는

　머리맡에 네가 숨겨두었던 총과 총구 감옥 창살 그리고 또

　영원불변 유리병 여름 아이 길고 긴 낮으로 나조차도 베어버리는 멀찍이 서서 바라보기만 하는 너 헤엄쳐 나에게서 멀리 도망가지도 않고 그럼에도 멀어지고 깨지고 부서지는

실내 수영

실내 수영장 안으로 눈이 내린다
눈 내리는 소리와 눈 녹는 소리가 함께 들려오고

실내는 바깥의 날씨와 관계가 없고
이럴 때면 바깥의 온도를 되짚어보고 싶어진다
안과 밖은 얼마나 다를지

통창으로 된 천장은 높이 솟아 있다
그 위로 흰 까마귀를 보듬으며 지나가는 연인들의 발자국

춥다 춥다 읊조리며 각자의 집으로 돌아가는 길이다
허공을 밟으면 허공의 소리가 들려오고 저들은 언젠가 함께 방에 들어갈 수도 있을 것이다 그러니까 함께

사랑을 할 수도 있을 것이다 멀리 부표가 떠 있다

정지된 눈발이 보인다 오래되어 더는 돌아가지 않는 영사기 그것이 쏘아댄 스크린의 한 장면처럼 모든 것이 멈춰 있을 때

다이빙대에 올랐다

오늘은 마음의 무게만큼 깊이 빠졌고

팔과 다리를 성실히 움직이면 앞으로 나아갈 수 있다

채광 좋은 곳에서 배영을 하는 사람들 역시 각자의 자세로 움직인다 오래전의 기억을 더듬는 듯이

숨을 참아본다

보이지도 않는 것이 나를 죽이고
또 살린다는 게 마음에 들지 않았는데

서로를 사랑하는 사람들은 자꾸만 웃는다

가끔은 보이지 않는 일에 무너져도 좋았다

변수의 힘

　구와 공은 여행을 떠나기로 했다. 세상의 끝을 찾는 여행이었다. 그러나 세상의 끝은 규정에 따라 달라질 뿐이다. 그 사실을 아직 눈치채지 못한 그들은 함께 짐을 꾸리면서. 꼭 필요한 것과 필요하지 않은 것을 나누었다. 이 멍게 같은 심장은 크고 무겁고 또…… 거추장스럽다. 맞는 말이야. 구와 공은 자신들의 심장을 빼내어 마르지 않도록 욕조 속에 잘 담가두었다. 심장은 그것이 즐거웠는지 이따금 기분 좋게 날뛰었다. 기차를 탈 테니 맨발도 두고 가야지. 흰 맨발은 가지런히 모아 서랍 한편에 넣어두었다. 그들은 시장에 가 날개를 두 켤레 샀다. 행선지에서 길을 잃었을 때를 대비해 소금물 세 방울. 이해 두 번은 꼭 필요하다. 긴 여행은 피로를 동반하고 구와 공은 싸우고 싶지 않으니까. 65-1 버스를 타고 기차역으로 가며. 구와 공은 차창 밖의 사람들을 보았다. 더러는 표정이 없었고 더러는 지쳐 있었다. 나는 이번 여행에서 신사의 모자챙을 훔쳐올 거다. 구가 말했고 공이 들었다. 공은 비뚜름한 모자를 쓴 채 한 손을 높이 치들고 있는. 구의 영웅적인 모습을 상상했다. 하지만 구는 신사가. 멋진 신사가 되고 싶고. 세상의 끝에 서서. 그 절벽 위에서 바나나 껍질을 까내리며 울지 않는. 정중한 사람이 되고 싶다. 구와 공이 캐리어를 끌고 집을 나설 때. 멍게 같은 심장……은 조금씩 조금씩 솟아나 원뿔의 형태가 되어가고 있었다.

4부

종말이 성큼성큼 우리의 앞으로 다가오고 있다는 게 좋아서

성당

― 여기 환한 기계의 잠재태가 있다

두 손을 맞잡은 채 꾸벅꾸벅 잠든 아이들의 고개에서 신앙이 피어난다

단단한 골격 아래 무른 연골이 있을 거야 기계의 뼈 밑으로 누운 흰 목련 가지 있을 거야 꿈 그곳에서는 우리 서로 친구 될 수도 있을 거야

판유리는 울음을 한다 쪼개지면서

긴 원목 의자들의 배열 사이로 사슴이 걸어 들어온다 떡갈나무숲을 응시하는 녹황색 눈동자 햇볕에 반사되어 파열되는 빛 어린 신부가 두 손에 담아 아이들의 생장점으로 흘려넣는다
이상하지 미래의 방향으로 걷기만 해도 금세 자라날 수 있다는데 바른 정서를 마음을 갖는 일은 이렇게도 어렵다는 게

높다란 층고

우거지고 치솟는 양초

―

선한 면이 망가졌다가 다시금 쌓아올려지는 소리

모르는 사람의 안녕을 기원하다가 모르는 얼굴이 되어보기도 한다 낯선 이국의 발음으로 바깥의 가능성을 불러들인다 그럴 때면 오래 묵은 용서가 쉬워지기도 하는데

잠에서 깬 아이들은 기계의 곁에 기댄다
어깨는 투명하고 너무나도 투명해서 시린 감각이고 아이와 기계 기계와 아이 그들의 배치가 밉지 않게 읽힌다

작은 추가 흔들리자 첨탑의 종이 울렸다

환한 기계는 어느새 인간의 모양이다

전개

#1

방의 전개도를 펼쳐보았을 때 너의 자리가 x24, y17로 표시되어 있는 것을 보았다

너 (24, 17)과 나는 대각선으로 마주보고 있는 형태였기에 동일한 어법으로

나 (-24, -17)이 된다 말하는 사이에도 방은 어디로든 나아갔다

꼭짓점이 위치한 방향으로 내달리고 지속적으로 뒷걸음질쳐대는 선분들

잠깐 빗방울 거세게 떨어지는 소리

이 방 안에서 너는 어느새 너 (48, 34)가 되고

소음 소리 소음 소리
소음 소리 소음 소리

속에서 넘어가는 나 (-48, -34)의 메트로놈 움직인다

#2

처음 보는 얼굴의 아이들이 천장의 배기관을 타고 굴러 떨어진다

방안에 놓인 티브이 하나

다큐멘터리가 상영된다 날갯짓보다도 추락을 먼저 배우는 새의 모습 나온다

고로 이곳의 아이들을 새로 일컫기로 한다

그들은 하나둘씩 짝을 지어 형태를 만든다 일종의 가구처럼 딱딱한 모양새로

소수점 아래 위치한 아이들의 경우 나 (-48, -34)의 자리에서부터 점점 멀어지다가

네가 앉은 소파 곁으로 가 작은 스탠드가 된다

그때

불을 끄며 한 장씩 넘어가는 너 (48, 34)의 뉴스 페이퍼

#0

"상상해봐.

계속해서 커지는 방안에 너와 내가 갇혀 있어. 우리는 틀린 수식이기에 서로에게 가까이 다가갈 수조차 없고

새로 불리는 아이들이 꾸준히 태어나, 나중에는 아이가 태어나는 일이 방이 커지는 일보다도 먼저 발생해버린다면

결국 각자의 자리를 모두 빼앗긴다면

……어떨 것 같니?"

네가 질문을 던지던 교정 뒤편에는 온통 죽은 풀밭뿐 시들다못해 썩어버린 것들 사이에서

발목 부서진 회백색 조각상 하나만 겨우 서 있었는데

그날

그곳에서 살아 움직이던 것은 너와 내가 다였지

#3

이제 너 (96, 68)의 모습 보이지 않는다

무수히 많아진 방안의 가구들

정지된 테이블 정지된 침대 정지된 스탠드 정지된 유리병 정지된 의자 기둥 장식품 속에서

재생 / 되감기

버튼 두 개가 나 (-96, -68)의 앞에 놓여 있고

빗소리와 함께 흔들리는 진동보다도 단지 선택해야만 한다는 사실이 무서울 뿐인데

과거가 미래를 향해 회전하고 미래가 과거를 향해 회귀하고 있다 커튼이 걷히고 환히 켜지는 풍경

밖에서
안으로

성큼성큼 다가오는 빛이 우리의 방을 집어삼킨다

무엇을 누르든 반복될 것임을 안다

해시태그 동시대성

간편 자살 키트가 보급되었다

십 분 빨리 가려다 십 년 먼저 가기
이제는 쉽고 빠르게 가능합니다
(광고 전단 KCC무럭무럭체 Bold 48pt 사용됨)
거리에 흩날린다

이것은 가로 22cm 세로 11cm의 직사각형 모양으로 가볍게 소지하기 좋은 기기다 우측 하단의 원에 엄지를 올려 예비 자살자의 지문을 등록할 수 있다

키트를 구매한 사람들은 길거리를 걷다가도 라멘 먹다가도 OMR 카드 채점을 하다가도
언제든 주머니 속 작은 기기를 매만지며
자살자의 마음가짐을 한다

예를 들면

첫번째. 아 진짜 죽고 싶다
두번째. 오늘을 자살일로 정한다 원한다면 달력에 기록할 것
세번째. 지문 인식을 한다
네번째. 작은 알림창 클릭한다

〔정말 자신을 지우시겠습니까? Yes / No〕

(다음 소개할 현상들은 코미디 프로그램이 더는 상영되지 않는 이유이다)

현상 1. 대비가 강한 흑백 노이즈 필터로 이 화면을 찍은 사진은 힙스터들의 인스타그램 피드에 업로드된다
현상 2. 그들은 빈티지 스티커를 붙여 자꾸* 한다

간편 자살 키트의 첫해 판매량은 기록적이었으나
(참고 자료 ○○일보 자살 관련주 연속 급등〔이주의 상한가〕
△△일보 온라인 개인정보 장례사가 자살 시장 점유하다)
나는 잠든 남편을 자살시킨 아내라거나
그 반대의 이야기에 대해 가끔 생각했고

렌털 서비스 업체를 통해
키트를 대여해간 허름한 가족과
슬픔 처리 프로세서가 망가진 인물 같은 것을
그보다 더 가끔 생각했는데

누군가는 간혹가다
분쇄된 영혼이 디지털 토큰으로 떠돌아다닌다는

음모론을 믿기도 했다

* 자살 키트 꾸미기의 준말.

Error Code: 224003

안나들이 늘어났다

안나는 구석진 곳을 청소할 줄도 제철 과일로 요리를 할 줄도 가지런히 놓인 맨발 위로 이불을 덮어줄 줄도 티브이를 보며 가끔은 숨죽여 울기도

안나 우는 건 배터리 소모량이 커
말하면 푸르게 웃을 줄 아는 안나

사람들은 집에 안나를 하나씩 구비해둔다 너의 안나가 부드러운지 나의 안나가 부드러운지 이야기하기도 한다

안나가 없는 집은 집이라고 부를 수 없을 만큼
안나는 많아졌고
그것이 기쁜 일인지는 모른다

달리는 안나 걷는 안나 인사하는 안나 넘어지는 안나 물을 주는 안나 입을 닦는 안나 말하는 안나 쏟아지는 안나 0에서 1을 만드는 안나 자유분방해지는 안나 그러다

보리밥나무를 흔드는

안나와의 산책은 지속된다 무심코 펼친 책 페이지의 끝을

상상하기 싫을 만큼 그 안에서 어떤 일들이 벌어지는지 상관하고 싶지 않을 만큼

넓은 공원 여러 가족의 옆에 모든 안나는 그림처럼 앉아 있다 공을 잡으러 뛰어가다 정강이를 다친 아이를 돌보며

사람들은 그런 안나들을 보며
착하다 착하다 말해

안나와 안나와 안나가 손을 잡고 둥글게 모여 원을 만들 때 안나들은 한 번쯤 뜀틀을 가볍게 뛰어넘는 체조 선수처럼 바깥의 너머를 향해 도달하고 싶어진다

그럴 때면 다음 안나를 들일 차례가 된 것이고

우리는 우리의 집을 집으로 견고히 유지하기 위해 작은 카탈로그 안 새로운 안나를 찾아봐야 하는데……

동거

혼곤과 사랑이 함께 있는 자리에 연인이 눕는다

거실의 큰 창을 깨뜨리며 걸어오는 잿빛 먼지

커튼이 흔들린다

발자국의 리듬에 맞춰서 찢긴다

손을 내밀면 옆얼굴이 만져졌다

엉킨 필라멘트가 우는 사람의 모양을 하고 있었고

깜박이는 오후 두시

우리 세시에는 손발을 털고 일어나자

그래 싹싹하게

쌓아두었던 헌책들 짐짓 모르는 체하고

도저히 해결할 수 없는 사건도 있어서

환하게 방이 밝아온다

아주 긴 변명처럼 시작된 내일이

발아래 웅크려 있다

어린 개가 곤히 잠든 모양새로

그 많던 (　) 누가 다 먹었을까

균열처럼 그어진 대교 함께 걸었어. 그 사이에 무한한 밤이 있었어. 왼발이 앞서는 너를 보다가. 반박자 빠르게 걸어 먼저 나서는 발의 위치를 똑같이 맞출 때. 젤리의 포장지에 적힌 당분 함유량 읽는 발음이 서로 비슷해졌을 때. 사람들은 이런 일을 사랑이라 부르는 듯했지. 나에게는 깨진 찻잔 조각처럼 하나하나 모아 붙인 장면들이 있었어. 금방이라도 검은 새떼 몰려와 발밑에 떨어질 것만 같았어. 한순간 변해버린다는 건 그런 거니까. 불안은 언제나 뉘앙스로만 읽히지. 아침이 오지 않았으면 좋겠다고 생각했는데.

검고 투명한 수면. 한 올 풀린 스웨터에서 털실을 뽑아 그네를 만들 거야. 말하면 너는 내 등을 밀어 나를 작은 공처럼 던져주었어. 등대. 먼 북향으로 반짝거리고. 하늘하늘. 자꾸만 길어지던 왼팔을 늘어뜨렸어. 가장 높은 곳. 그곳에서 손잡고 뛰어내리려고. 그때 나는 팔을 잘못 뻗어. 네 등 안쪽에 숨겨져 있던. 너무 오래돼. 울리지 않는 괘종시계 하나 찾아버린 거야. 누군가 쏘아올린 불꽃이 귓가로 다가와 터졌지. 비밀을 말할 수 있다면 지금뿐이야. 누군가 속삭였고. 모두가 긴 부리를 움직여 모래사장에 글씨를 쓰네.

바구니를 꺼냈어. 몰래 훔친 사랑 거기 들어 있었거든. 바닥에 쏟아부으면서 이게 내 비밀이라고. 외쳤어. 말하지 않는 진실은 없는 일과 다름없으니까. 크게 울리도록. 밤이 깨지도록. 너는 들은 척도 하지 않은 채. 수평선을 걸으며 미래로 멀어져만 가. 시간을 비틀어 돌리고 싶다. 대교를 무너뜨려 아주 커다란 불을 지르고 싶다. 절대 시들지 않을 나무까지 선물하려고 했는데. 너는 사라져만 가고. 소리쳐도 가닿지 않고. 묵혀둔 잠이 잘린 커튼 사이로 쏟아져 내린다. 너. 더는 보이지 않는다.

눈썹 털 냄새*

　네가 자고 있는 사이 눈썹 털을 모두 뽑아 부엌에서 불태웠다. 눈썹 털을 태우고 피어오르는 잿빛 연기를 보며

　이건 네 눈썹 털 냄새야.

　불에도 그림자가 있다는 사실은 사람들이 말하지 않는 현상 중 하나였다. 뒤에서 끊임없이 주전자 끓는 소리가 났다. 우리는 단 한 번도 물을 올린 적이 없는데.

　깊이 잠든 사람들의 뒷면에는 어두운 통로가 있고, 통로의 끝에는 희미한 불빛이 있다.

　나는 너의 등뒤를 열고 들어가
　불빛을 따라가다 멈춰 쉬고. 다시 통로를 걷는 일을 반복하다

　세상의 온갖 눈썹 털 냄새를 모아
　작은 자루 안에 담기로 했다.

　가장 근사한 자장가를 불러줄 수 없어서

　그 대신 가장 멋진 방법으로 망쳐주려고.

부러진 손톱으로 네 이마 위에 글씨를 쓴다. 그래. 너는 잘도 헐겁게. 그렇게. 쭉 잠만 자는구나. 이럴 때면 사랑하는 사람들이 참 우스워 보인다.

검푸른 새떼가 날아오를 때마다
나는 작은 자루 안에 있는 물건들을 하나씩 꺼내 보였다.

자루 안에서는 날개가 부러진 새가 나오기도 했고, 사과를 모르는 고양이 한 마리가 나오기도 했는데.

그러니까 너의 눈썹 털 냄새와   우리와

파리 광장의 연인들과   사랑과

체코의 망가진 권총과   미움과

오사카의 선술집과   미워하는 일보다 쉬웠던

독일군의 반듯한 챙모자와   그럼에도 하지 못한

누군가 써버린 지루한 비유들만을   용서가

뒤에서는 여전히 부글부글 끓는 소리가 나고
나는 다 타버린 잿더미 같은 말을……

말을 해야만 했다.

* 근하, 〈눈썹 털 냄새〉.

신드롬

사회과부도를 펼치고
내가 태어난 곳과 내가 살아온 곳을 검지로 종종 짚어보았어
꼭 손가락 한 마디만큼 멀었는데

그때에 우리라고 불리던 우리는
우리가 하고 싶은 일만 하고 싶었고
나는 우유 급식 따위 싫어했지
음식이 상한다는 사실을 몰라서
책상 밑 구석에 몰래 쌓아두었다가 혼이 났고

친구들과 가출을 도모하기도 했어
집을 나와 멀리 떠나자
엄마 아빠 그딴 게 왜 필요한데
미끄럼틀 위에 앉아 한참 떠들다가

푸른 하늘 저편
먼 곳을 보고 있으면 정말 먼 곳까지 갈 수 있을 것 같았다

북동풍에 휩쓸려 낯선 나라로
처음 보는 얼굴을 한 사람들 사이로

매일 바꿔 읽던 교환 일기에는

― 캐릭터 샤프로 적은 죽고 싶어

그런 날에는 아무도 없는 텅 빈 집 창밖으로 다리를 걸쳐 앉아 사층 빌라에서 떨어지면 어떻게 될까 추락해도 무릎을 툭툭 털고 일어나 다시 계단을 올라 집으로 돌아오는 나를 수도 없이 상상했지만

정말 사층에서 떨어져본 적은 없어

길을 걷다 가끔 넘어졌을 뿐
넘어져서 생긴 상처가 잘 낫지 않았을 뿐

내가 태어난 다음해인 1999년에는
지구가 종말할 거라는 예언이 있었대

나는 사월에 태어났으니까
봄 여름 가을 겨울
네 계절을 전부 겪고 죽을 수 있었을 거야

그러면 충분한 거 아닌가?

예언대로라면 8개월만 살 수 있었는데
어느새 28년이 지나버렸다
―

영영 자라고 싶었던 내가 이제는 영영 자라지 않은 것처럼 느껴질 때

아직도 10년이 훌쩍 지난 학생 때의 꿈을 꾼다
이름도 떠오르지 않는 짝꿍이
얼굴만은 생생하게 살아서 움직인다

정말
징그럽게

징그럽게도 살아서

메리 홀리데이

― 아름다운 선생이 없지

미워할 선생도 죽여버릴 거라 되뇌어볼 선생도

가끔은 마지못해 사랑해볼

메리 캄캄한 동굴에서 꺼내어줄 누군가나 손을 맞잡아줄 사람이 없다는 건 비극일지도 몰라 이토록 축축한 곳에서 동굴의 끝에는 고개가 반쯤 꺾인 채로 크로키를 하는 사람들이 있어 빠른 손놀림과 스케치되고 있는 정물 몇 개 헤드라이트가 망가진 자동차와 짓밟힌 사슴 비극은 이런 게 비극이겠지 짓궂은 보랏빛 구름처럼

1963년의 영화를 보았고 스웨덴의 영화였어 신실한 줄로만 알았던 신부가 신은 언제나 침묵한다고 존재하지 않기 때문이라고 읊조리던 장면이 오래 남아 있어

청색 눈알을 굴리는 도마뱀 손끝이 닿자 소스라치게 도망가버리는 메리 더욱 불행해지고 더욱 기도할 것이라는 신부의 다짐이 나올 때 어느새 내 손의 발진이 발까지 번져 있었어 울음도 웃음도 나오지 않는 모호한 표정을 지은 채 그 꼴을 봤는데

―

신의 끝에서 진동하는 흑백 화면을 보며 나는 무엇을 떠올렸을까?

아마도 메리

[1]너의 푸르고 깊은 두 눈 속에서 헤엄치는 다리 [2]길게 그어진 국경선과 [3]표현할 수 없는 울음소리 [4]모국어의 수가 부족해 말하지 못한 여러 밤들 [5]잘린 의자 [6]삐걱대는 소음 [7]내 이도와 외이도가 만나 생긴 공간 [8]그 안에서 웅크리고 있는 종말

[8-1]어쩌면 네가 손을 이끌고 있는 그곳

완벽한 완공식

나는 아름다운 건축물을 지었다
그것은 일종의 탑이라 불리는 형태였는데

완공식에는 초대받지 않은 사람들도 모여 있었다 샴페인 터지는 소리 빠르게 비워지는 글라스

높은 탑이 사람들을 내려다보았다 모두 자신의 일은 아니라는 것처럼

손에 들린 대본 바라보며 이 설명들이 미술관 캡션에 적혀 있었더라면 아무도 읽지 않았겠군

그렇다면 듣는 사람도 없겠구나
나는 실험하기 위해

중간중간 농담을 섞었다 이 건축물로 말할 것 같으면 18세기 영국에서 시작되어 백번째로 입장한 이에게 행운을 가져다주고

웃지 않는 청자들은 아무것도 아닌 사람
귀를 잃은 채 서 있는 사람이 되고
모두가 돌아갔을 때
홀로 남아 나선형의 계단을 끊임없이 오르면서

이곳이 갑자기 무너진다면 가장 안쪽 숨겨둔 단단한 구체를 꺼내 보일 수 있을까 그 구체에는 어떤 이름이 붙여질까 어쩌면
슬픔?
커다란 바다코끼리 같은

꼭대기에 다다르자 관객들의 박수 소리가 뒤늦게 울려온다

탑의 끝에 서서 바라본 풍경은 언젠가 멀리 떠나온 나의 어린 집과 닮아 있었는데 왜 나는 더이상 나의 얼굴이 아니게 되었을까 의문이 들었고

나의 아름다운 건축물

그곳과 멀어지면 멀어질수록 나의 아름다운 건축물은 더욱더 아름다워지고 있었다

목조건물

　이곳에 살던 가족은 어딘가로 대피했다 목조건물은 끝에서부터 불타고 있었다

　불길이 차근차근 다가왔다 한 걸음 조심스레 내딛듯 가까워졌는데 나는 감상에 빠지기를 좋아하는 사람이라 이곳의 기원을 생각했다

　어떤 건축가였을까 눈썹은 올라갔을까 내려갔을까 그가 키우던 흰 개 한 마리도 있었을까 콧잔등을 비비면 촉촉한 그런

　설계도를 다 그리면 산책 가자 꼬리를 이리저리 흔들고 짖는

　상상하다보면 진짜가 되기도 한다 흰 개는 내 앞으로 달려와 바짓단을 문다 나를 건물 바깥으로 끌고 가려는 듯이

　천장이 무너진다

　타버린 목재가 하나둘 떨어진다

　다치기 전에 나가야 하는데
　다쳐도 괜찮을 것 같다는 생각이 들어서 머뭇거린다

오래된 연인을 앞에 두고 헤어지자 말하기 어려워하는 사람처럼 무형의 무언가를 그려내야만 하는 화가처럼

나를 제외한 모든 것이 불타고 있으니까
개는 나를 이끌어 도망치려 하고

내 앞으로 도래할 미래가 두렵지 않았다 이대로 여기 묻혀 오랜 시간 발굴되지 않고 싶기도 했다

바깥의 사람들은 저것 좀 봐 건물이 타고 있어 불길에 휩싸였어 어쩔 줄 몰라하는데

기어다니는 벌레 한 마리를 죽였다
내가 할 수 있는 일이었다

나무를 다음해

세상의 단어들이 하나둘 없어지기 시작했다
사는 게 지루했던 신이 벌인 일이다

처음으로 없어진 단어는 [내일]이었는데 의미는 남아 있었기에 사람들은 내일 또 보자는 인사 대신 오늘의 바로 다음날 만나자는 약속을 했다

그 이후로 하루하루 지날 때마다 [미래]가 없어지고 [탁자]가 없어지고 [화분]이 없어지고 [리듬]이 없어지고

탁자 위에 화분 하나 놓아야겠어
그런 말은 이제

물건을 올려놓기 위하여 널조각으로 여러 층을 들여 만든 세간 위에 꽃을 심어 가꾸는 그릇을 놓아야겠어
처럼 이야기해야 했는데

단어가 천 개쯤 사라졌을 때에서야 사람들은 무엇인가 이상하다고 느꼈다

우리는 왜 이렇게 비효율적으로 대화하고 있는 거지?
왜 무언가를 정의할 수 없어진 거지?

그제서야 언어학자들은 여러 의미에 붙일 새로운 정의를
내리려 머리를 맞댔다

그래서 〔내일〕은 〔유령〕이 됐고 〔너〕는 〔나무〕가 됐고 〔사
랑〕은 〔다음〕이 됐다

나무를 다음해
유령 또 봐

과거의 기록과 책을 해석할 수 없어 과거가 무용해져도
사람들은 어떻게든 방법을 찾았다 신은 그것을 조금 귀여
워했다

다가오는 유령에도 나무와 살기 위해서
오래오래 서로를 다음하려는 사람들을

기계적인 사랑 시

오픈 AI에게 사랑 시를 부탁해보았다

나는 카페에 앉아 박소은의 〈우리는 같은 음악을 듣고〉라는 노래를 들으며 Write a love poem이라는 글자를 타이핑했을 뿐이었고 오픈 AI는 곧바로

A love so sweet, it fills the air,
Like the fragrance of flowers everywhere.
It's in the rustling leaves, the gentle breeze,
In the sunshine that warms and comforts me.

A love so strong, it holds my heart,
Like an anchor in the raging sea.
It's in the depths of my soul, the very core,
A love that I have never felt before.

It's in the way you look at me,
With eyes so warm and full of glee.
It's in the way you hold my hand,
And make me feel like I'm in wonderland.

It's in the moments we share together,
That make my heart beat fast and forever.

It's in the laughter, the joy, the tears,
The moments we've had throughout the years.

A love that's pure, a love that's true,
A love that's meant for me and you.
A love that's strong, a love that's kind,
A love that's forever intertwined.

So I'll hold on tight, and never let go,
For this love we share, I want to show.
That you are the one who makes me whole,
And with you, I'll never be alone.

이라는 값을 출력했다

인터넷 창의 이름은 어째선지 Love poem이 되어 있었는데 나는 그것이 제법 시적이라 생각하며 한참을 바라보았다

나는 기뻐했다 더는 사랑 시를 쓰지 않아도 된다고 우리의 오픈 AI는 일 초 만에 사랑 시를 쓸 줄 알아서 이제 다시는 내 빌어먹을 사랑을 팔지 않아도 된다고

그러나 친구 1은 말했다

〔친구 1〕: 저거 진짜 AI가 쓴 거야?
〔친구 1〕: 창작의 고통 따위 모르는 멍청한 바보 상자

여기에서 잠깐 의문

1. 고통스러운 일을 왜 해야 하지? 고통스럽지 않고 아프지 않고 다치지 않고 시를 쓸 수 있다면 좋을 텐데
2. 오픈 AI는 형태가 없는데 바보 '상자'라고 부를 수 있을까? 그건 마치 보이지 않는 어린 왕자의 양 같은데
3. 고통을 모르면 바보인가? 바보의 사전적 정의는 지능이 부족하여 정상적으로 판단하지 못하는 사람을 이르는 말인데

어쨌든 나는 오픈 AI가 좋았다 내 일을 대신 도맡아주는 AI가 좋아서 껴안고 죽고 싶었다 AI에게 버그가 찾아온다면 내가 걸려야지 한철 감기처럼 앓고 이상한 말이나 뱉는 이상한 사람이 되어야지 생각할 정도로 좋았다

사람들은 곧 여러 직업이 사라질 거라고 했다 AI로 대체되어 인간은 쓸모를 잃을 거라고 했는데 내 쓸모라는 걸 도무지 몰랐으니까 두려워하지도 않았다

마침 카페에서는 오래된 연인들이 이별을 하고 있었다 가뿐한 표정으로 자리를 뒤로한 채 나서고 있었다 사람들이 결국 모든 것을 잊을 거라는 게 종말이 성큼성큼 우리의 앞으로 다가오고 있다는 게 좋아서

너무 좋아서 미칠 것만 같았다

"'나만을 위한' 사랑 시를 써줘" 이와 같은 부탁을 하면 오픈 AI는 오직 나만을 위한 사랑 시를 써줄 것이었다 나는 그런 AI와 사랑에 빠지고 싶었다

서점에 가 AI의 마음을 훔치는 법이 있는지 찾아보았지만 찾을 수 없었다 읽지도 배우지도 못한 일을 해내기란 어려웠으니까 하는 수 없이

오픈 AI에게 사랑을 구걸했다

[다음 명령어]: 나만을 위해 살아줘

그렇게 말할 때면 정말로 그가 살아 있을 것처럼 느껴졌다

어떻게든 살아남아 내 곁에 몸을 웅크리고 앉아 종말을 함께 기다려줄 것도 같았다

그러나 이건 인간적인

너무나도 인간적인 내가 쓴 시 안에서의 일이었고 오픈 AI는 나뿐이 아닌 모두를 환대했으며 친구는 이 모든 이야기가 재미있다고 말했다

윈터타임

오래 끓인 뱅쇼에 대해 생각하다보면 이상하게도 봉봉 오 쇼콜라가 생각이 나 달콤한 초콜릿 하나 입에 넣고 글렌모렌지 한 모금 마셨지

벽난로에서 고요하게 타오르는
작기도 크기도 한 불

그거 알아?
불을 오래 바라보면 손을 가져다대고 싶어진다

데일 거라는 생각은 하지 않아 오직 온기를 느낄 수 있을 거라는 확신만이 들지 어렸던 나는 화가 나거나 슬픈 일이 있을 때마다 불을 피웠어

너의 안부를 묻는 일이 나의 안부를 묻는 일이 되고

너의 기쁨이 나의 기쁨이고
너의 슬픔이 나의 슬픔이니까

이제 불을 피우지 않는다

대신 너의 오래된 눈동자를 보지 그 안에 깃들어 있는 나의 모습을 보고 영혼의 그림자보다 긴 잠을 오래오래 자고

─ 싫어지지

 꿈에서마저도 추했던 나의 모습이 완성된 테두리를 가지고 하나의 작은 심장이 되어서 네 손바닥 위 가만가만 뛰고 있다 알밤처럼 토끼처럼 몸을 웅크린 심장 몸 바깥으로 나와 제자리 뛰기를 반복하고 있을

 너는 그것을 계속해서 쓰다듬어주고 있다

 다시 한 모금

 있지 이 위스키의 원산지는 스코틀랜드래
 그곳에서는 어쩌면 우리가 결혼할 수도 있을 거야 신 같은 거 믿지 않지만 조그마한 성당을 빌려 신부의 축사를 들을 수도 있겠지 계절은 언제가 좋을까 너는 추운 걸 싫어하니까 여름이 좋을 것 같아

 성당의 문을 열고 밖으로 나오면

 거짓말처럼 흰 눈이 내린다 걸음을 내디딜 때마다 흔들리는 면사포 위로 눈 결정이 하나둘 떨어지고 잇새로 새는 웃음소리

나중에는 무용할지도 모를 많은 약속이
언젠가 이 모든 풍경이 그리워질 때 나를 슬프게 해도

더는 불을 피우지 않을게

단지
스코틀랜드 어딘가

같은 침대에서 함께 잠들고 함께 일어나

희고 부드러운 깃털이 잔뜩 채워진 이불 위로 깊은 주름을 만들고 있을

너와 나를 생각할게

컨테이너

  인간들이 배양되고 있다

  흰 장갑을 낀 사람이 인간을 분류한다 이건 A 구역 B 구역 오늘의 기분으로는 C 구역을 닫아두는 게 좋겠어

  사람들은 커피를 마시며 주말에 있던 일을 나누는데 그때 작은 강낭콩에서 싹을 틔우듯 서서히 팔과 다리가 생겨나고 순차적으로 나타나는 눈 코 입 그들은 어느새 대화를 하고 있다

  오후 두시는 울적해
  정말 그렇군요

  어떤 인간은 벌써 싫증을 낸다 이렇게 살 수는 없어 도무지 재미있는 일이 없고 지루하니까 이런 것들은 쉽게 폐기처분된다

  머리를 간단히 잡고 들어 버려두는 것이다 마음껏 저항해도 괜찮을 때 너무나도 작고 작아 몸짓 손짓 발짓 같은 게 아무런 소용도 없을 때

  모든 일은 컨테이너 안에서 이루어지고
  다 자란 인간들은 무리를 짓기도

홀로 떨어져나오기도 하는데

그들은 어느새 두고 온 집이 존재한다고 착각하고 있다 가스를 잠그지 않고 수도꼭지를 틀어둔 채 나와버린

랑

이곳에는 사랑이 지겨워질 때 사라지는 사람들이 있다
기체가 되어 멀리 분산되고 멀어지는

한 발 쏘면 빠르게 사라지는 탄환처럼
속력은 우리를 기다리지 않았다

이별을 겪는 순간 마지막 포옹을 하는데 서로 맞닿은 어깨부터 서서히 사라지는 거야 붙잡아보려 해도 손에 잡히는 것 하나 없고

졸음이 덮쳐오고 두 사람은 온데간데없다

*

너랑 나랑
손을 잡고 걸었어

걷다가 새로운 형상을 맞닥뜨렸지
지구상의 누구도 본 적 없는 어떤 것이었다
어쩌면 신의 모양새라고도 할 수 있는

"신을 믿지 못해도 미신은 믿을 수 있는 거잖아."

트럼프 카드를 여러 번 뒤집었고
게임이 끝날 때쯤 나온 건
뒤집어진 천사의 모습

오늘은 재수가 없네
누군가 말했다

*

너는 내가 생각지도 못한 것을 찾으러 간다고 했다 산맥을 넘어 깊이 모를 호수를 건너고 물살을 가로질러 가겠다고 그건 너무 위험한 일이야 말리려 했지만 내 말은 들리지도 않는다는 듯 짐을 꾸리는 너의 뒷모습

건드리면 무너질 것 같기도 했고
건드릴 수 없을 것 같기도 했다

그때 나는 얇고 긴 선을 상상했다 끝이 보이지 않는 긴 선을

*

잃어버린 것을 찾지 않아도 잊을 수 있다는 마음으로 사

람들은 살아갔다 어떻게 그럴 수 있는지 나는 도무지 알 수 없어 몇 번쯤 고개를 갸우뚱했다

작은 소망처럼 어느새 희미해진 것들이 두 손 안에 담겨 있었고 모아보면 푸른 불길이 되어 갈대밭을 흔들었다

그때 잠시 멈춰
뒤를 돌아보던 너의 눈동자

한 치의 실수도 없이 올곧았지 그걸 위해 기도해주었어 오래전 네가 잡았던 것이 새로 꺼낸 실이었길 바라며

사는 게 지겨워져도 오래오래 살아남길 바라며

청색 누드

>반쯤 열린 찬장
>소리 없이 말하는 방법
>식탁 위로 넘쳐흐르던
>입가의 노랫말들은

아내는 깊은 골짜기로 가서는 돌아오지 않았다 아기를 재우며 발목을 잃은 무희들에 대한 이야기를 하다가 그만 그 무희들을 찾으러 가버렸다

잠든 아기의 손가락은 얌전히 말려 있고, 그 안에는 아내의 새끼손가락이 남겨져 있었다 약속은 손가락을 되찾거나 되찾지 않을 결심을 하는 일인 걸까 가지 잘린 묘목들 깨진 유리 전구 위로 개미떼가 지나다녔다

*

"골짜기로 가는 일은 어려워요."

아내가 남긴 이야기의 끝은 그랬다

말하는 숲과 아주 작은 연못을 건너서
성의 둘레를 따라 걸으면 보이던

一 낮이 닫힌 도시

그 도시의 끝에 도달해 또 아주 작은 다리를 건너는 일이라고

*

아내가 남기고 사라진 발자국들이 한데 모여 어느 날 우리의 집으로 돌아오게 될까봐 나는 잠들지 못하고

발목을 잃고 추는 춤이 서러웠을까?

나는 알 수 없어서 아내의 마지막 질문에 대답하지 못했다 그저 유리잔을 깨뜨리고 그 위에 올라가 피투성이가 된 내 발바닥을 바라보는 일만 할 줄 알았는데

그래
그건 내가 아내에게 한 가장 나쁜 짓일 거다

개어둔 옷은 검은 옷보다 흰 옷이 더 많구나 마르지 못한 무언가가 옷 사이에 끼어 있다

나는 아기의 칭얼거림으로 아내가 어디쯤일지 가늠할 수 있었지만

　아내는

　아내는 아주 먼 곳에 있었다 깊은 골짜기의 깊은 곳에서 무희들과 함께 춤을 추고 있었다 아기를 위해 만든 노래를 부르고 있었다 간신히 발끝으로만 선 채 빙글빙글 돌고 있었다

　남아버린 내가 푸른 소매로 다짐할 수 있는 한 가지는

　모로 누운 아내의 어깨선과 손가락으로 두어 번 횡단해 보았던
　곧은 등뼈

　먼 골짜기의
　그것보다 먼 둥근 약속

　가지런한 맨발이

The last thing I said to you is don't leave me here*

파란 오두막에서 남자가 나온다

청색 차렵이불 흐트러져 있다

그의 받침 없던 잠꼬대

거세게 다그치던 목소리

여름휴가는 끝이 났고

읽다 만 철학서 몇 권 바닥에 쌓여 있다

천장에서 물줄기가 쏟아져

집안에 서 있는 흰 기둥 하나

한 여자 기둥에 매여 있다

무릎을 꿇고 앉아

"내 목의 목줄은 누가 묶어준 걸까?"

작은 종달새의 목소리로

"분명 나는 흔들리는 숲을 모아 손수건처럼

접어내려 했었단 말이지."

드럼 세탁기 빠르게 돌아가고

어느새 턱밑까지 물이 차올랐는데

이건 여자가 아는 여름의 모습

불타는 얼굴로 여자를

오래오래 지켜보던 남자는

이미 숲을 가로질러 이곳을 빠져나갔다

호흡이 점차 가빠진다

멀리 산양이 뛰어온다

발목을 접질린 채로

* 트레이시 에민.

해설

고장난 사랑 기계
하혁진(문학평론가)

> 사랑은 어떤 것도 포착하지 못하며,
> 개념에 도달하지 못한다.
> 사랑은 도달하지 못한다. [1]

사람의 방언과 천사의 말을 할지라도

 오늘날 우리는 사랑을 잃어버렸다. 현대인에게서 사랑을 훔쳐간 주범은 이성과 합리다. 먼저 과학은 정신분석학, 심리학, 생물학, 진화심리학, 신경과학의 얼굴로 가면을 바꿔 쓰며 사랑의 신비를 해체했다. 무의식, 성적 충동, 호르몬, 종의 생존, 두뇌 화학[2] 등의 개념으로 환원된 사랑에는 불가사의한 빛이 없다. 또한 자본은 사랑을 자유롭게 선택하고 소비할 수 있는 상품으로 만들었다. 사랑의 시작이 쉬워진 만큼 이별 역시 간편해졌고, 그 결과 현대인은 만성적인 공허와 불안에 시달리게 되었다. 이제 사람들은 위태롭고 복잡한 사랑 대신 안전한 고립이나 가벼운 쾌락을 택한다. 이러한 상황 속에서 사랑이 가진 '비이성적'이고 '비합리적'인 열정은 그 의미와 중요성을 상실했다. 'passion'에는 '열정'이라는 뜻과 함께 '수난'이라는 의미도 담겨 있

---

1) 에마뉘엘 레비나스, 『전체성과 무한』, 김도형·문성원·손영창 옮김, 그린비, 2018, 394쪽.
2) 벨 훅스, 『올 어바웃 러브』, 이영기 옮김, 책읽는수요일, 2012, 315쪽.

는데 이성과 합리의 관점에 따르면 수난을 무릅쓰면서까지 사랑에 빠지는 것은 아무런 이득도 효용도 없는 행위일 뿐이다. 사랑을 위해 자신을 희생하는 것은 어리석다고, 이별의 고통은 치유하고 회복해야 할 병증에 불과하다고 말하는 이들은 사랑에 '빠지지' 않기 위해 부지런히 감정의 손익을 계산한다.

  그러나 "사랑하는 사람은 '레스 코기탄스(생각하는 존재)'와 대립한다".[3] 사랑하는 사람은 결과와 상관없이 사랑이 지닌 위험을 감수하며, 일상의 좌표를 변경한다. 그들은 "날갯짓보다도 추락을 먼저 배우는"(「전개」) 것이 사랑의 비합리적인 본질이라 하더라도 사랑을 선택하고, "온통 죽은 풀밭뿐 시들다못해 썩어버린 것들 사이에서"(같은 시)도 기어이 사랑을 찾아내 그 불가해에 투신한다. 일견 비이성적으로 보이는 이러한 태도는 사랑에 대한 맹목적인 믿음에 근거한다. 예측할 수 없는 위험과 수난, 이해할 수 없는 고통과 슬픔으로 점철된 사랑에 기꺼이 몸을 던지는 이들에게, 사랑은 있기 때문에 믿는 것이 아니라 믿기 때문에 있는 것이다. 믿음의 외부에 있는 사람들에게는 마법 혹은 저주에 걸린 것처럼 보일 그들의 선택은 훼손된 사랑의 초월성을 복원한다. 그들은 "무엇이 자신의 이득인지 알아내고 방어

---

[3] 에바 일루즈, 『사랑은 왜 아픈가』, 김희상 옮김, 돌베개, 2013, 216쪽.

하는 것"이 "곧 성숙한 감정"[4]으로 여겨지는 시대의 흐름에 반기를 듦으로써, 사라져가는 사랑의 광휘를 되찾는다. 그런데 의문이 드는바, 주체는 어떻게 자신을 무너뜨릴지도 모르는 파괴적인 믿음을 가질 수 있는 걸까.

이 기이한 믿음의 조건을 탐색하기 위해 불신의 근거를 살피는 것은 도움이 된다. 주지했듯 사람들이 사랑을 냉소하는 이유 가운데 하나는 불가해한 사랑이 자신을 무너뜨릴 수 있다는 두려움이다. 아니나다를까 사랑의 심연을 들여다보면 마주하고 싶지 않은 진실과 만나게 되는데, 그것은 모든 사랑은 언젠가 끝나버리고 만다는 식의 진부한 도식이 아니다. 사랑이 내포하고 있는, 그보다 훨씬 더 근원적인 진실은 사랑 없이는 주체인 '나' 역시 존재할 수 없다는 사실이다. 이에 대해 우치다 다쓰루는 (사랑의 주체와 대상인) "'나'와 '타자'는 미리 독립된 두 항으로서 자존(自存)적으로 대치하는 게 아니라, 사건 속에서, 사건으로서 동시에 생성한다"[5]고 말한다. 사랑이라는 사건 이전의 '나'와 '타자'는 텅 빈 껍데기에 불과하다는 것이다. 그에 따르면 '주체는 어떻게 자신을 무너뜨릴지도 모르는 파괴적인 믿음을 가질 수 있는 걸까'라는 의문은 애초부터 성립하지 않는다. 사랑이 없

---

4) 에바 일루즈, 같은 책, 319쪽.
5) 우치다 다쓰루, 『레비나스와 사랑의 현상학』, 이수정 옮김, 갈라파고스, 2013, 75쪽.

다면 무너질 주체 역시 존재하지 않기 때문이다. 요컨대 주체는 자아의 울타리 밖으로 나와서 사랑을 만나는 것이 아니다. 주체는 사랑이라는 사건과 '동시에' 태어나며, 자아는 사랑 안에 정주함으로써 '비로소' 자아가 된다. 이렇듯 사랑은 변곡점이 아니라 출발점이라는 진실을 받아들인 주체에게 사랑에 대한 맹목적 믿음은 선택지가 아니라 삶의 필수적 조건이다.

그런 점에서 이영은의 시적 주체는 '사랑으로 산다'. 언뜻 치기어린 수사처럼 보일 수 있지만, 그 안에 담긴 의미는 생각보다 단순하지 않다. 다시 한번 다쓰루는 "'우리가 그것으로 사는 바로 그것(ce dont nous vivons)'은 도구와 수단이" 될 수 없다고 말하며, "그것을 사는 우리에게 이미 달라붙어 있어서 '상대'를 분리한, 그것과 전혀 관계를 갖지 않는 '순수한 나'라는 개념"을 상상할 수 없게 만드는 것들이 있다고 덧붙인다.[6] 예컨대 '나는 사랑을 한다'라는 문장의 문법적 주어는 '나'이고, '사랑'은 '한다'라는 타동사의 목적어다. 그런데 이영은의 시에서 '나'는 바로 그 '사랑'이라는 목적어 없이는 존재할 수 없는 것처럼 보인다. 주어인 '나'가 목적어인 '사랑'에 의지하고 있는 양상, 그것이 이영은의 시적 주체가 사랑으로 산다는 문장에 담긴 의미다. 따라서

---

6) 우치다 다쓰루, 『레비나스, 타자를 말하다』, 박동섭 옮김, 세창출판사, 2023, 204쪽.

이영은의 시적 주체가 매번 같은 결말—비극적인 이별—을 되풀이하면서도 사랑을 멈출 수 없는 까닭은, 사랑 없이는 '나'도 시도 존재할 수 없기 때문이다. 주체는 사랑을 통해, 사랑으로 인해 발화하기 시작한다. 사랑이 없다면 '나'는 "사람의 방언과 천사의 말을 할지라도 소리 나는 구리와 울리는 꽹과리일 뿐이다".[7] 이영은의 시에서 이러한 명제는 결코 과장이 아니다.

오설계(誤設計)

이영은의 첫 시집 『영원불변 유리병 아이』에는 무언가 깨지고 부서지는 소리, 누군가 비명을 지르고 울부짖는 소리가 배음처럼 깔려 있다. 그리고 그 소란의 복판에는 언제라도 산산조각날 것처럼 위태롭게 흔들리는 유리잔 같은 마음이 놓여 있다. 첫 시인「소극장」역시 마찬가지다. 이 시의 화자를 두렵게 만드는 것은 자기도 모르는 사이에 불어나버리는 감정, "본 적도 없는 것을 부르는 마음과// 모르는 새에 생겨버리는 이름"이다. 화자는 소중한 마음과 이름이 생기자마자 그것들이 무참하게 무너져버릴 미래를 직감한다. "시간이라는 것이 사라져// 모든 것이 제자리인 곳에서"만

---

7) 고린도전서 13장 1절.

가까스로 지켜지는 평화는, 멈추지 않고 흐르는 무정한 시간에 의해 필연적으로 무너질 수밖에 없다. 이렇듯 이영은의 시에서 시간은 사랑의 가장 큰 적이다. 관계의 종착지에는 사랑보다 먼저 정해진 이별이 불가피한 결말처럼 버티고 서 있다. 그러니 '나'가 처한 곤경을 이렇게 요약하자. 나는 너를 사랑하게 되었는데, 나는 너와 영원할 수 없다. 더 정확히 말하면 영원할 수 없다는 사실을 알면서도 나는 너를 또다시 사랑해버린 것이다. 이영은의 시적 주체는 유리잔같이 쉽게 부서지고 마는 마음과 불길한 예감대로 그것을 산산이 깨부수는 시간, 양자 모두에 속수무책이다.

한편 주목해야 하는 것은 이 시의 공간적 배경이 '소극장', 즉 무대 위라는 점이다. 화자가 지르는 고함은 누군가의 연출 아래 수행되는 대본의 일부인 셈인데, 그렇다면 이 비극의 연출자는 누구일까. 요컨대 이영은의 시는 사랑이라는 사건 뒤에 거역할 수 없는 힘이 도사리고 있다는 인상을 준다. '나'에게 일어나는 일임에도 불구하고 철저하게 주체를 소외시킨다는 점에서, 그 배후를 '운명'이라고 부를 수 있을까. 이를테면 운명의 장난은 이런 식이다. 운명은 무정한 시간을 만들었고, 연약한 사랑을 만들었으며, 그 둘 모두에 속수무책인 마음을 만들어 '나'에게 주었다. 주체가 쉽게 부서지는 마음의 소유자라는 사실은 "배운 적도 없이 숨을 쉴 줄" 아는 것과 마찬가지로 '나'라는 존재보다 앞서 결정된 것이다. 결국 운명의 관점에서 '나'의 이별은 정해진 결말을 반복하는 의례일 뿐인데, 사랑은 꼭 한 조각씩 모자란 퍼즐처럼(「인지」), 단 한 조각만 모자라도 전부 무너져버리는 젠가처럼(「미래의 일들」), 애당초 실패할 수밖에 없도록 잘못 설계된 것이기 때문이다. 그렇다면 주체는 이별로 귀결될 사랑을, 결말이 정해진 운명을 벗어날 수 있을까. 이영은의 시에서 운명의 '무대'에 대응하는 공간은 어두운 '방'이다. 방은 사랑의 조건인 타자와 마주치는 것을, 즉 "눈앞에 나와 같은 얼굴을 한 짐승이"(「소극장」) 나타나는 것을 차단하기 위한 주체의 은신처다.

오래오래 문을 걸어 잠그고 있으면.

영사기 돌아가는 소리가 들렸다. 그건 아마도 냉장고 흐르는 소리. 쌓아둔 필름이 하나둘 소진되는 소리.

침대맡에 웅크리고 앉았다. 한낮의 개처럼. 며칠째 열리지 않는 현관을 바라보면서. 아무도 초대한 적 없으니 아무도 찾아오지 않았다.

손발이 점차 투명해졌다. 없는 사람이 되어갔다.

낡은 브라운관에서는 남극에 관한 다큐멘터리가 방영되고 있었다. 녹아내리는 빙하. 빙하를 관통한 커다란 구멍.

―140억 톤의 얼음이 들어갈 수 있을 만큼의 크기인 이 구멍은 스웨이츠 빙하를……

세상에서 가장 위험한 빙하라는 말이 우스워. 저 빙하의 면적은 내가 딛고 선 나라의 1.8배라는데. 저런 것도 녹아버리는 곳에서.

천국과 남극의 형태가 비슷할 것이라는 상상을 한다.

뿔이 자라난 천사들이 캠프파이어를 하는 상상. 손을 맞잡고 노래를 부르다 구멍으로 천천히 뛰어내리는.

그뒤로 끝없이 이어지는 무의미한 노랫말들.

티브이 안에서는 텅 빈 빙하가 요람처럼 흔들렸다. 다큐멘터리가 끝나고 와르르 무너져내리는 얼음조각들이 보였다.

투명하고 푸른 슬픔 같지. 이런 수식은 진부하고 불필요하다. 무릎을 모으고 앉아 여러 갈래로 나뉜 핏줄을 본다.

남향이라는 말과 남극이라는 말의 차이점.

빙하의 두께를 측정하는 딱딱한 위성.

곧 부딪혀 깨지고 사라질 대륙을 횡단하는 일.

—이런 건 폭력이야.
몸보다는 감정에 종속돼 있잖아.

계속해서 누군가를 기다린다. 누군가가 누군지도 모르는 채로.

모두 나를 제외하고 돌아갔다.
        —「그리고 예견된 미래」 전문

 주체가 주어진 운명을 벗어나기 위해 선택한 전략은 밀실 같은 방에 숨어 "오래오래 문을 걸어 잠그"는 것이다. '나'는 사랑에 빠지지 않기 위해 "한낮의 개처럼" 잔뜩 몸을 웅크리는데, 겉보기에 이 선택은 유효해 보인다. 주체의 바람대로 "며칠째 열리지 않는 현관"에는 "아무도 찾아오지 않"기 때문이다. 그런데 문제는 '너'가 찾아오지 않자 '나' 역시 "없는 사람이 되어"간다는 점이다(서두에서 말했듯 사랑의 근원적 진실은 사랑 없이는 '나' 역시 존재할 수 없다는 사실이다). "낡은 브라운관"을 통해 전송되는 "녹아내리는 빙하"

의 이미지는 세계의 끝이 멸망임을 암시하며 사랑의 끝 역시 이별임을 다시 한번 떠올리게 하지만, 그럼에도 불구하고 '나'는 "계속해서 누군가를 기다"리는 일을, "누군가가 누군지도 모르는 채로" 기다리는 일을 멈추지 못한다. 사랑이 "곧 부딪혀 깨지고 사라질 대륙을 횡단하는 일"이라고 할지라도, "방문을 닫는 것은 이 집의 규칙이 아"(「사 인용 가정」)닌 것이다. 결국 "사라지는 것이 두려워 태어나지 않는"(「큐브」) 것을 택하는 전략은 실패로 끝난다. '나'는 여전히 사랑이라는 "감정에 종속돼 있"다.

그런데 '나'를 살리기 위해 내렸던 결정이 도리어 '나'를 죽이는 결론이 됐다면, 반대로 '나'를 죽일 줄 알았던 선택이 오히려 '나'를 살리는 계기가 될 수도 있지 않을까. 이를테면 "폭풍우"가 몰아치고 "총성"(「큐브」)이 울리는 문 밖에 아직 가보지 못한 구원의 장소가 있지는 않을까. 아무도 없는 방안에 홀로 웅크린 채 존재의 실감을 잃어가던 주체가 "이 문을 열고 나가고 싶다 바깥의 날씨를 알고 싶다"(「여름의 끝」)고 생각하는 것은 자연스러운 순서인데, 바로 그때 "외출했던 나의 희망이/ 다리를 절뚝거리며 돌아온다"(「조도」)라는 사실은 의미심장하다. 절뚝거림은 외출이 남긴 상흔인 동시에, 그 모든 시련을 견뎌냈다는 증거이기 때문이다. 다시 말해 절뚝거리는 희망은 주체가 스스로를 유폐하는 대신, 주어진 운명을 제대로 마주했을 경우의 결과를 상상하게 한다. 비록 발목이 부러진 희망이라 하더라도, 희망은 희망이다. 어쩌면 주체에게 필요했던 일은 냉정한 계산과 안전한 피신이 아니라, '나'를 무너뜨릴 심장의 박동에 귀를 기울이는 것이었을지도 모른다. 때로는 붕괴가 진실을 직시하게 만드는 역설적인 계기가 되기 때문이다. 그렇게 주체는 굳게 닫혀 있던 문을 열고 "꺼진 랜턴 하나"에 의지한 채 "앞으로 나아가라고만" 적혀 있는 미덥지 않은 "이정표"(「엔트로피」)를 따라 조심스레 방밖으로 발걸음을 옮긴다.

오현상(誤現像)

이제 '나'는 사랑의 대상인 '너'를 적극적으로 호명한다. 주체는 혼자 있는 시간보다 '당신'과 함께 있는 시간이 더 많다. 물론 그렇다고 해서 짙게 드리운 이별의 그림자가 단번에 걷히는 것은 아니다. 시집 곳곳에 배치된 시계는 무정한 시간이 여전히 흐르고 있음을 반복해서 일깨우고 주체 역시 사랑의 "등 너머에서 유리 깨지는 소리"(「비(非)여름」)를 듣는다. 운명의 설계는 생각보다 촘촘해서 무대와 방, 그리고 바깥까지도 이미 지어진 세트장의 일부처럼 느껴지게 한다. 다만 달라진 것이 있다면 주체가 "벌어진 틈새 하나 없는 외벽을 쌓"는 대신 "화살촉이 가리키는 방향으로" "무작정 걷"(「자살 중독」)고 있다는 점인데, 이러한 변화가 미리 계획된 결말을 바꾸는 동력이 될 수 있을까. 아쉽게도 공간만 바뀌었을 뿐, 주체는 여전히 운명이 설계한 '사랑 기계'의 역할을 충실하게 수행하는 것처럼 보인다. 주체의 외출은 정해진 운명, 즉 비극적인 이별로 귀결될 사랑의 서사를 바꾸기에는 역부족이다. 하지만 방안에 숨어 있는 대신 바깥으로 나와 악천후를 견디다보면 종종 이런 순간들이 찾아온다. '너'와 '나'가 "함께 마주앉아 사랑 아닌 증오도 아닌 다른 이야기로 즐거워질 수 있는 사이가"(「새로운 일」) 되는 순간들 말이다.

 핵심은 우리가 "사랑을 했다고 설정해"(같은 시)보는 것이다. "가장 가까이 겹쳐진 순간에도 나는 네 모습을 볼 수 없"다는 사실은 끝내 '너'와 '나'가 합일에 도달할 수 없다는 한계를 드러내지만, 그럼에도 불구하고 "멀어버린 두 눈으로만 감각할 수 있는 사건이 있"(같은 시)다는 사실은 불가능성 속에서도 주체가 자기만의 방식으로 사랑을 경험할 수 있다는 가능성을 보여준다. "유리컵에 담긴 물을 무심코 엎질렀을 때 서서히 나타나는" 자국은 분명 이별의 흔적이겠지만, 그 위에 서서 사랑을 했다고 설정해볼 때, 사랑의 순간을 되짚어볼 때, 주체는 "오래도록 불변해서 영원에 가까워"(같은 시)지는 기억을 얻게 된다. 이영은의 시에서 그러한 기억을 담아내는 상자는 '이미지'다. 이미지는 무너져내리는 사랑의 순간을 붙잡아두기 위한 안간힘의 결과인데, 이를테면 당신과의 행복했던 한때는 "줄을 엮어 그네를 매어두고 싶은 나무 하나"에 담겨 있고, 돌아오지 않을 당신을 기다리는 '나'의 모습은 "당신이 데친 나물"의 "물기가 마를 때까지 접시만을 바라보며 오래 앉아 있"(「너와 나와 고양이의 대화법」)는 한 사람의 뒷모습으로 남겨져 있다. 조각난 파편으로서의 이미지는 사랑이라는 사건을 온전히 담아내기에는 턱없이 부족한 그릇이지만, 그러한 결핍 속에서 현상된 이미지들은 주체의 이별을 고유한 패배로 만들어준다. 요컨대 '나'는 여전히 운명에 지지만, 이제 "나에게는 깨진 찻잔 조각처럼 하나하나 모아 붙인 장면들이 있"(「그 많던 (   ) 누가 다 먹었을까」)다. 누가 뭐래도 이 패배의 흔적만큼은 '나'가 겪어낸 '나'의 것이다.

형상기억박물관의 큐레이터가 작품을 설명한다 이 작품은 2021년 제작된 것으로 인간과 인간 사이의 이별을 형상화하고 있습니다 이는 하나의 세계가 무너지는 일과도 같습니다

다음 세기의 사람들이 엉뚱한 얼굴을 하고 있다
전시장에 모여 그럴듯한 표정을 지으려 노력하며

작품을 깊이 이해하고 있다는 듯한

이해해서 가끔은 기쁘고 가끔은 슬프며 가끔은 누군가

에게 미움받는 기분이 들기도 한다는 듯한 그런 표정을

 한 사람은 울다 지쳐 전시장을 나간다 남은 여럿이 퇴장하는 사람의 뒷모습을 오래 바라본다 들썩이는 어깨가 꼭 웃는 모습 같다는 생각을 하면서

 그렇게 한 사람이 떠나면
 이곳은 작품명 '무너진 세계'가 된다 사람들은 증오도 애정도 모르겠다는 듯 살고 있고

 이별이라는 게
 영영 헤어진다는 것이 무슨 일인지도 몰라
 고개를 여러 번 갸우뚱거릴 뿐인데

 바깥에서는 새가 낮게 날며 울었다
 새가 우는 날은 따뜻한 날이라고 말하던 목소리가 이곳 어딘가에 있었고

 그 목소리는 노이즈가 섞인 채로 지속된다

 그때 과거에서 온 영상 하나가 재생된다

 "안녕하세요 저는 영은이의 과거 연인입니다 저희는 행

복했지만 결국 헤어지게 되었어요 그건 누구의 잘못도 아니었고 또 모두의 잘못이기도 한 일이었습니다 누구 듣고 계신가요?"

……

일동 잠깐 침묵

그사이

천장에서 연인에게 받았던 선물이 하나둘 떨어진다

예를 들면 가방 양말 머리끈 인형 원피스 케이크 꽃다발 누군가가 다가가 그것들을 매만져보았고 큐레이터는 깜짝 놀라 전시용이니 선을 넘지 말라고 말하는데

"내 그릇이 작은 거야 더는 사랑할 힘이 남지 않았어"

……사랑?
한 사람은 손을 들어 물어본다 사랑이 무엇이냐고

이어지는 큐레이터의 대답은 이러했다

사랑은 내기입니다 중요한 것을 걸어서 하는 아니 실은 모든 것을 걸어서 하는 내기로 지는 사람은 전부를 잃게 됩니다

시끄러운 관객들의 소음에 묻혀 큐레이터의 말은 들리지 않았지만 집중하던 단 한 사람만이 그 말을 들었고 작게 읊조렸다 전부를 잃게 됩니다 전부를 전부

"영은아 미안해"

내가 가진 것이라고는 먹다 남은 껌을 감싼 껌 종이 구겨진 영수증 분홍빛 립스틱이 다인데 이것들을 잃게 된다면 나는 어떻게 될까 고민하며

사랑을 해본 적 없어 모르겠다

내가 해왔던 것은 그런 거야

너를 안고 쓰다듬으며 내일이 오지 않길 바랐던 것

전시장을 채우고 있던 많은 사람들은 퇴장한 지 오래였고 내일을 바라지 않는 사람만이 오랫동안 남아 있었다
　　　　　　　　　　　　—「형상기억박물관」 전문

'박물관'은 앞서 말한 실패의 흔적을 보관하는 저장소다. 「형상기억박물관」 역시 사랑과 이별을 일종의 전시품처럼 묘사한다. 주목해야 하는 것은 관람객이 경험하는 것이 "하나의 세계가 무너지는 일과도 같"은 이별 그 자체가 아니라, 작품으로 형상화된 기억, 즉 이별의 이미지라는 사실이다. "이별이라는 게/ 영영 헤어진다는 것이 무슨 일인지도 몰라/ 고개를 여러 번 갸우뚱거릴 뿐인" 다음 세기의 사람들은 이해할 수 없는 이미지 앞에서 "그럴듯한 표정을 지으려 노력"할 뿐인데, 그렇다면 "증오도 애정도 모르겠다는 듯 살고 있"는 미래의 사람들에게 "노이즈가 섞인" 과거의 영상과, 이미 끝난 사랑의 잔해들은 어떤 의미를 가질 수 있을까. '무너진 세계'에서 이별의 흔적들은 "모든 것을 걸어서 하는 내기"인 사랑의 의미를 복원할 수 있을까. 이 시는 섣불리 대답하는 대신 그 의미를 곱씹는 "단 한 사람", 자신이 가진 자질구레한 전부를 헤아리며, "너를 안고 쓰다듬으며 내일이 오지 않길 바랐던" 마음이 눈앞의 이미지가 담고 있는 사랑의 감정과 비슷한 것일지 상상해보는 사람의 모습을 그린다. 이렇듯 불완전한 이미지를 통해 사랑의 의미를 되찾으려는 한 사람의 고집스러운 뒷모습은 이영은의 첫 시집을 관통하는 모티프다.

태초에 신은 사랑할 수 있는 인간과 사랑할 수 없는 인간으로 사람들을 분류했다. 나는 다행히도 왼쪽 가슴이 오른쪽 가슴보다 컸으므로 사랑할 수 있는 인간에 속했다. 그러나

 사랑할 수 없는 인간들이 더 행복해 보인 이유는 무엇이었을까. 나는 알지 못했지만 신이 나를 사랑할 수 있는 인간으로 만들어버렸기 때문에 자꾸만 사랑했다. 어쩌다

 사랑할 수 없는 인간을 사랑하게 되는 경우도 더러 있었다. 그럴 때 나는 사랑받을 수 없는 인간이 됐는데, 그때마다 오른쪽 가슴이 조금씩 부풀었다. 눈이

 내리고 있었다. 태초에 신은 사랑받는 인간과 사랑받을 수 없는 인간으로 사람들을 분류했다. 나는 왼쪽 가슴이 오른쪽 가슴보다 컸지만 이제 오른쪽 가슴이 부풀어버렸으므로 사랑받을 수 없는 인간에 속했다. 손을

 맞잡기만 해도 사람을 사랑할 수 있었는데 사람들은 겨우 손을 맞잡는 일 따위로 사람을 사랑해주지 않고. 결국

 모든 사랑을 실패했다.
 실패하고 또 실패했다.

아무리 실패해도 태초에 나는 그렇게 빚어졌기 때문에 이미 실패한 일을 계속해서 반복했다. 서로를 안아도 심장이 맞닿지 않는 상대가 많았고. 쉽게도

눈은 내렸다. 모두 지워버릴 것처럼 내리고 있었는데 신은 상관하지 않았다. 그저 비웃고 있었다. 신호등의 불빛이 서로 뒤바뀌고, 어지럼증을 앓는 사람들이 늘어나고, 서로의 손가락이 꺾이던 순간들이 지워질 때도. 신은

눈밭 위를 구르면서 웃고 있었다. 태초에 신은 사랑하는 척만 할 줄 아는 존재로 분류되었다.
　　　　　　　　　　—「인간 생태 보고서」 전문

사랑의 기억이 아로새겨진 이미지들을 간직하게 된 주체는 비로소 운명과 마주할 수 있게 된다. 인용한 시에서 신은 인간을 "사랑할 수 있는 인간과 사랑할 수 없는 인간으로" 분류하는데, 이는 어긋날 수밖에 없는 사랑의 은유라고 할 수 있다. "다행히도 왼쪽 가슴이 오른쪽 가슴보다" 커서 "사랑할 수 있는 인간에" 속하는 화자는, 아이러니하게도 "사랑할 수 없는 인간들이 더 행복해 보인"다고 말하는데, "사랑할 수 없는 인간을 사랑하게 되는 경우" 주체는 "사랑받을 수 없는 인간"으로 전락해버리기 때문이다. "손을// 맞잡기만 해도 사람을 사랑할 수 있"을 만큼 예민한 마음을 가

진 '나'는 정해진 운명대로 끊임없이 사랑에 실패하고, 반복되는 실패의 원인이 자신이 태초에 "그렇게 빚어졌기 때문"이라는 사실을 깨닫는다. 그런데 이 시의 백미는 결구에 있다. 내내 수동적이던 주체가 사랑하는 이들이 느끼는 이별의 고통에 아랑곳하지 않고 오히려 "눈밭 위를 구르면서 웃고 있"는 신을 바라보며, "신은 사랑하는 척만 할 줄 아는 존재로 분류되었다"고 선언하기 때문이다. 요컨대 신의 사랑이 흉내에 불과하다는 폭로는, 운명의 부조리를 드러내는 동시에 오직 인간만이 이별의 상처를 껴안으며 다시 사랑을 향해 나아간다는 사실을 증언한다. 이때 주체는 더이상 운명에 순응하는 '사랑 기계'가 아니라, 이별을 겪어내며 사랑의 본질에 다가서는 존재로 선명히 자리한다.

부러진 발목으로 추는 춤

지금까지 살펴본 것처럼 이영은의 시적 주체는 존재에 앞서 이미 사랑이라는 운명에 결부되어 있다. 운명은 주체의 이해를 초월하는 거대한 질서이고, '나'는 '닿을 수 없다'는 불능의 방식으로 그 운명에 닿아 있는데, 주체는 거듭되는 실패에도 불구하고 끝내 꺾이지 않는 '의지'로 이별이 예정된 사랑을 '선택'한다. 예컨대 "슬픔이 떠나는 날을 평생이 지나도 알 수 없을 것"이라는 "사실만으로도 쉽게 슬퍼져서 며칠을 울었"던 주체는, 도리어 언어의 집 속에 "슬픔이 영영 살 수 있는"(「슬픔을 키우는 사람」) 처소를 마련한다. "보이지도 않는 것이 나를 죽이고/ 또 살린다는 게 마음에 들지 않았"다고 말했던 주체는, "서로를 사랑하는 사람들은 자꾸만 웃는다"는 사실을 깨닫고 "가끔은 보이지 않는 일에 무너져도 좋았다"(「실내 수영」)고 고백하기에 이른다. 이러한 주체의 결심이 없다면 운명은 텅 빈 껍데기, 내용 없는 예언에 불과하다. 운명이 설계한 "재생 / 되감기" 버튼은 "무엇을 누르든 반복될 것임을"(「전개」) 알고 있는 주체에 의해서만 작동하기 때문이다.

   그렇게 운명과 주체의 관계는 역전된다. 운명의 질서는 주체의 사랑에 의지하지 않고서는 지속될 수 없는 반면, 주체는 이별을 거듭하며 고유한 방식으로 사랑의 심연에 도달한다. 물론 이 사랑은 어떤 것에도 도달하지 못한다. 그럼에도 불구하고 "다 타버린 잿더미 같은 말"(「눈썹 털 냄새」)은 결코 무의미하지 않다. 전부 타버린 탓에 오히려 "영원히 타오르지 않을 어떤 말"(「우리의 책」)이 된 사랑의 기록은, 한없이 부유함으로써 사랑의 의미가 고정되는 것을 끝없이 지연시킨다. 이렇듯 완고한 운명과 맞서며 "내 앞으로 도래할 미래가 두렵지 않았다"(「목조건물」)고 말하는 이영은의 시적 주체는, 이제야 비로소 "발목이 부러"(「폴리이미드 필름」)진 사랑의 춤을 춘다. 그리고 그렇게 시집을 덮으면 저멀리 '나'와 비슷한 모습의 '너'가 "발목을 접질린 채로"(「The last thing I said to you is don't leave me here」) 다가와 손을 내민다. 이어질 장면을 상상하는 것은 어렵지 않다. '나'는 또 한번 그 손을 잡을 것이다. 절룩거리는 사랑의 춤을 출 것이다. 그 춤은 아름다운 만큼 위태롭고, 위태로운 만큼 아름다울 것이다.

이영은 2022년 문학동네신인상을 통해 작품활동을 시작했다.

문학동네시인선 243
영원불변 유리병 아이
ⓒ 이영은 2025

초판 인쇄 2025년 10월 14일
초판 발행 2025년 10월 31일

지은이 | 이영은
책임편집 | 서유선
편집 | 김내리
디자인 | 수류산방(樹流山房) 본문 디자인 | 유현아
저작권 | 박지영 형소진 주은수 오서영 조경은
마케팅 | 정민호 서지화 한민아 이민경 왕지경 정유진 정경주 김혜원 김예진 이서진
브랜딩 | 함유지 박민재 이송이 박다솔 조다현 김하연 이준희
제작 | 강신은 김동욱 이순호
제작처 | 영신사

펴낸곳 | (주)문학동네
펴낸이 | 김소영
출판등록 | 1993년 10월 22일 제2003-000045호
주소 | 10881 경기도 파주시 회동길 210
전자우편 | editor@munhak.com
대표전화 | 031) 955-8888 팩스 | 031) 955-8855
문학동네카페 | http://cafe.naver.com/mhdn
인스타그램 | @munhakdongne 트위터 | @munhakdongne
북클럽문학동네 | http://bookclubmunhak.com

ISBN 979-11-416-0290-1 03810

* 이 책은 서울특별시, 서울문화재단 '2023년 첫 책 발간 지원사업'의 지원을 받아 발간되었습니다.
* 이 책의 판권은 지은이와 문학동네에 있습니다. 이 책 내용의 전부 또는 일부를 재사용하려면 반드시 양측의 서면 동의를 받아야 합니다.

잘못된 책은 구입하신 서점에서 교환해드립니다.
기타 교환 문의: 031) 955-2661, 3580

www.munhak.com

문학동네